dtv

Bei Partys und bei Betriebsfeiern, bei Empfängen und bei Geschäftsessen, vor allem aber bei jenen zahllosen Anlässen, die sich Event nennen, ist sie gefragt: die hohe Kunst des leichten Gesprächs. Wer nur ein paar Floskeln draufhat, landet schnell im Abseits, wer hingegen das Knowhow des Smalltalks beherrscht, macht sich unersetzlich. Ein souveräner Smalltalker ist als Diplomat des alltäglichen Lebens überall gern gesehener Gast. Das Schöne an dieser Kunst: Sie ist lernbar. Dieses Buch verrät Ihnen Regeln, Kniffe und Feinheiten des Smalltalks. Amüsant, pragmatisch und psychologisch fundiert zeigt Eva Gesine Baur, wie Sie zum Könner werden.

Eva Gesine Baur hat Germanistik, Kunstgeschichte, Musikwissenschaften und Psychologie studiert. Sie lebt als freie Autorin in München, schreibt Bücher zu kulturhistorischen und psychologischen Themen und verfasst Beiträge für Zeitschriften und fürs Fernsehen.

Eva Gesine Baur

Leicht gesagt

Die große Kunst des Smalltalks

Deutscher Taschenbuch Verlag

Von Eva Gesine Baur sind bei dtv außerdem erschienen:
Dessous. Kleine Philosophie der Passionen (20265)
entflammt (20334)
Feste der Phantasie – Phantastische Feste (36101)
Der Luxus des einfachen Lebens (36155)

Originalausgabe
September 2001
2. Auflage Dezember 2001
© Deutscher Taschenbuch Verlag GmbH & Co. KG, München
www.dtv.de
Das Werk ist urheberrechtlich geschützt. Sämtliche, auch auszugsweise Verwertungen bleiben vorbehalten.
Umschlagkonzept: Balk & Brumshagen
Umschlagbild: Robert Mitchum, Deborah Kerr, Cary Grant und Jean Simmons
in ›The Grass is Greener‹ (© The Movie Store)
Satz: KCS GmbH, Buchholz bei Hamburg
Gesetzt aus der Berling
Druck und Bindung: Druckerei C. H. Beck, Nördlingen
Gedruckt auf säurefreiem, chlorfrei gebleichtem Papier
Printed in Germany · ISBN 3-423-36246-4

Inhalt

Dumm und oberflächlich. Das Image des Smalltalks 7

Lust auf Nähe. Der Sinn des Smalltalks 14

Eine Sauce für Feinschmecker. Der Charakter des Smalltalks 17

Nase, Nerven, Fingerspitzen. Die Anforderungen des Smalltalks 21
   Smalltalk braucht Erfahrung 22
   Smalltalk braucht Einfühlungsvermögen 26
   Smalltalk braucht innere Ruhe 29

Bühne der Menschlichkeit. Die Theaterdimension des Smalltalks 34
   Der Smalltalker als Darsteller und Publikum . . . 35
   Der Smalltalker als Regisseur 40
   Der Smalltalker als Dramaturg 41

Nicht zu glitschig und nicht zu trocken. Die Themen beim Smalltalk 43
  Fein, aber oft fad. Kunst und Kultur beim Smalltalk 49
  Delikat bis pikant. Das Spezialwissen im Smalltalk 53
  Heiß bis brandgefährlich. Der Klatsch beim Smalltalk 57
  Scharf, heikel und pikant. Der Sex im Smalltalk . . 64

Einsteigen, aufsteigen, aussteigen. Die drei Schwellen
des Smalltalks 68
    Entspannt und ohne Ehrgeiz. Der richtige Einstieg
    in den Smalltalk 68
    Sackgasse oder Sprungbrett. Der Witz und der Gag
    im Smalltalk 73
    Famous last words. Der Ausstieg aus dem
    Smalltalk 80

Pragmatisch macht sympathisch. Die Hilfsdienste
beim Smalltalk 86

Fast überall und oft überraschend. Der Schauplatz
für den Smalltalk 90
    Auf dem Empfang, der Stehparty, dem Event . . . 91
    In öffentlichen Verkehrsmitteln 95
    Beim Umtrunk im Büro 101
    In einer fremden Familie 104
    Beim Elterntreffen 107
    Im Lift 108
    Im Treppenhaus 111
    In der Theater- oder Konzertpause 114

ABC der Härte-, Problem- und Notfälle 117

Dumm und oberflächlich.
Das Image des Smalltalks

Fast jeder Autor ist ein Spion. Denn heimliche Beobachtungen bringen den besten Stoff. Für das vorliegende Buch haben sich Hotel-Pools und Intercity-Züge als besonders ergiebige Informationsquellen erwiesen.

Ich liege am Pool eines teuren Hotels und spähe möglichst unauffällig, was da auf oder unter den Bäuchen gehalten wird. Wer liest was? Immerhin tröstliche 50 Prozent haben keine Illustrierte, sondern ein Buch in der Hand. Ich versuche zu entziffern. Ein Kriminalroman (Bestsellerliste), ein Sachbuch (Bestsellerliste) und dann vier Mal ein Buch, das lange auf den Bestsellerlisten stand. Zwei Männer und zwei Frauen, Alter zwischen dreißig und sechzig, lesen das Gleiche: Jostein Gaarder, ›Sophies Welt‹. Sie lesen alle so gespannt, dass sie weder kreischende Kinder noch handytelefonierende Nervensägen zu bemerken scheinen.

Ich sitze im Erste-Klasse-Abteil eines EC. Der Mann mir gegenüber zieht aus der PC-Tasche zu meiner Überraschung kein Handy, sondern ein Buch. Den Schutzumschlag hat er abgenommen, aber nachdem ich auf einer der letzten Zugreisen Gelegenheit hatte, einem Fahrgast beim Entblättern jenes Buchs zuzusehen, weiß ich, worum es sich bei dem dicken dunkelgrünen Band handelt: Dietrich Schwanitz, ›Bildung. Alles, was man wissen muss‹.

Nach stolzen fünfzehn Minuten (sein Vorgänger hat es nicht so lange durchgehalten) legt er das Buch erschöpft zur Seite und versucht mit mir ein Gespräch anzufangen. Und ich versuche auf das Buch zu sprechen zu kommen.

»Wissen Sie, ich bin in der New Economy. Da hat man

kaum Zeit zum Lesen. Aber ich merke immer wieder bei irgendwelchen Events, dass da oft diese ganze spießige Bildung gefragt ist. Jetzt hab ich gedacht ...«

»Macht es Ihnen Spaß?«

Er schaut melancholisch und etwas müde. »Das ist gut geschrieben, zweifellos. Aber es strengt schon an.«

Dem klugen Herrn Schwanitz sei seine Bestsellerauflage vergönnt. Und er ist sicher selbst so klug zu wissen, dass viele Bücher das ruhmreiche Schicksal von hochgeistigen Ergüssen teilen, die zum Überraschungserfolg wurden: zum Beispiel Hofstätters ›Gödel, Escher, Bach‹, das in den 80er Jahren unter die ersten zehn gelangte. Gelesen hat es nach Recherchen darauf angesetzter Marktforscher allerdings kaum einer. Bücher zu kaufen, um deren Inhalt zu besitzen, ohne ihn zu kennen: Das ist nicht peinlich, das ist menschlich. Auch wenn ein Redakteur der ›Süddeutschen Zeitung‹ zu Recht lästerte über »die Infantilisierung der Hochkultur«. Wie in ›Sophies Welt‹ die große Philosophie in einem Aufwasch serviert wird, das verdaut sich eben leichter als nur ein einziger der philosophischen Texte, um die es darin geht, im Original.

Fast alle mögen es leicht. Und das ist ja zuerst mal nicht schändlich. Wir loben ein Restaurant, weil dort so schön leicht gekocht wird. Wir entscheiden uns für die leichtere Jacke. Und leisten uns einen wunderbar leichten Schal aus Kaschmir. Wenn wir etwas lernen müssen, dann soll es uns leicht fallen. ›Chinesisch Kochen, leicht gemacht‹ oder ›Spanisch lernen, leicht gemacht‹. Im ganzen Leben hätten wir's gerne ein bisschen leichter. Rein physisch leichter werden will ohnehin so gut wie jeder.

Alles das geben die meisten auch zu.

Wenn es um Kultur geht, dann fangen wir aber prompt an zu lügen.

Das, was sich leichte Unterhaltung nennt, ist das, was sich verkauft, was Quoten und Auflage macht. Aber konsumiert haben möchte das kaum einer.

Schließlich lesen die Deutschen auch die ›BUNTE‹ angeblich nur beim Friseur.

Kultur muss schwer und mühsam sein, wenn sie wichtig sein soll.

Feuilletonisten, die klar, einfach und amüsant schreiben, haben weniger Renommee als diejenigen, die den Leser mit ihrem Fremdwortschatz erdrücken und mit endlosen, unlesbaren Suaden langweilen. Die sind ernst zu nehmen, weil sie so mühsam sind.

Wahrscheinlich muss einer ein großer Philosoph sein und so berühmt wie Martin Heidegger, um zuzugeben, dass nichts schwerer ist als das Leichte. Und nichts mehr Zeit und Hingabe erfordert als das Kurze und Knappe.

»Entschuldigen Sie den langen Brief«, schrieb er als Postskriptum einem Bekannten, »aber ich hatte nicht mehr Zeit.«

Entsprechend könnte es heißen: »Entschuldigen Sie das schwere Gespräch. Aber ich war nicht bei der Sache.«

Wenn es sich ums Essen dreht, stehen wir zu unserem Geschmack und geben zu, dass wir gern alles zu uns nehmen, was einem gemischten Salat ähnelt: alles, was leicht, angenehm und unkompliziert ist. Doch lieber schläft mancher im anspruchsvollen Vortrag ein, als einzugestehen, dass ihm das alles viel zu beschwerlich ist. Redner, die schwer verständlich daherquatschen, sind selten der Kritik ausgesetzt; wer so redet, dass das Publikum mitkommt, dem schlägt Misstrauen entgegen – kann ja nicht viel taugen, wenn es jeder kapiert.

Ganz schön verlogen? Na gut, aber wenn es alle so halten ...

Das populärste Opfer dieser doppelten Buchführung ist der Smalltalk.

Wer auf sich hält, redet darüber wie ein Wagnerianer über ›Cats‹ oder ›Die lustige Witwe‹ – mit unüberhörbarer Verächtlichkeit.

Mit dem Smalltalk verhält es sich wie dereinst mit den Yuppies oder mit den Schickimickis; jeder kennt welche, aber keiner sagt: Ich bin einer.

Nehmen wir Selbstauskünfte ernst, dann wollen alle Menschen nur tief schürfende Gespräche führen und finden Leute, die Smalltalk machen, entsetzlich oberflächlich.

Wer einen Namen hat, gibt gerne Bonmots von sich, die den Smalltalk vollends lächerlich machen. Denn solche Bonmots wirken einfach souveräner.

»Smalltalk ist die Kunst, an Wichtigeres zu denken, während man weniger Wichtiges sagt«, hat David Letterman, der amerikanische Kult-Moderator, behauptet. Das Zitat hat er zwar Sir Laurence Olivier entwendet, aber das kümmert ihn nicht. Es kommt gut an und jeder kapiert, dass David Letterman Tiefgang besitzt und sich mit den Dummköpfen, die smalltalken wollen, eben nicht wirklich abgeben will – wäre ja Verschwendung. Er denkt was Wichtigeres.

Leider geht Herr Letterman aber mit seinem witzigen geklauten Satz auf den Leim und in die Falle. Zitate ohne Quellenangaben sind nämlich, wenn der österreichische Schriftsteller Gerhard Bronner Recht hat, ein Erkennungsmerkmal des Smalltalkens, bei Bronner, wie früher üblich »Konversation machen« genannt. Darunter, so Bronner, verstehe man »die Kunst, sich möglichst viele Pointen zu merken und zu vergessen, von wem sie stammen«. Wie soll es auch anders gehen, pflichten da Leidgeprüfte bei.

Schließlich hat ein Privatmensch nicht ein Team von 80 Gagschreibern wie jeder maßlos witzige Talkmaster.

Wer über Smalltalk lästert, signalisiert damit, dass er nichts hält von den Anstandsregeln einer bürgerlichen Gesellschaft. Und dass er keinerlei Bedarf hat, anderen zu gefallen. Mehr noch, er entschuldigt damit, trotzdem überall aufzutreten und mitzumachen, wo smallgetalkt wird. Paradebeispiel: die den Smalltalk schmähenden Talkmaster, gerne auch Moderatoren genannt, die eine ganze Sendung nichts anderes als Smalltalk produzieren. Wenn sie's können – warum machen sie dann die eigene Disziplin madig? Auch der Publikumsliebling Viktor de Kowa gefiel sich darin, Konversation abzutun als »die Kunst zu reden, ohne zu denken«.

Wenn also alle nichts vom Smalltalk halten – warum gibt es ihn dann? Worüber reden die Leute bei Vernissagen, bei so genannten Events, Empfängen und allen anderen menschlichen Zusammenkünften, wo weder Zeit noch Gelegenheit (schon gar keine Sitzgelegenheit) besteht, sich einem tieferen Gespräch zu widmen? Sie stehen da, die David Lettermans und ihre anonymen Mitmenschen und reden übers Wetter, die neueste Prominentenscheidung, über einen aktuellen Skandal, über die neuen Szene-Restaurants und den Wein, der derzeit angesagt ist, über das unmögliche Kleid, das eine gemeinsame Bekannte irgendwo trug, wer von wem geliftet ist, ob Kuba als Ferienziel geeignet sei. Sie reden über Föhn, Kopfweh und ob Akupunktur dagegen hilft.

Sie führen mit anderen Worten Smalltalk.

Ihm, dem Smalltalk, geht es wie einem gewissenlos ausgenutzten Menschen: Jeder ist auf ihn angewiesen, jeder braucht ihn – und dann wird nur schlecht über ihn geredet. Er ist zu bemitleiden, der Arme. Zeit also, die Verteidigungsrede des Smalltalks zu halten, seine Ehrenrettung zu betreiben. Und zu zeigen, wie schwer das Leichte ist.

Denn mit dem Smalltalk ist es letztlich wie mit dem Walzer: Gern wird er für spießig und überflüssig erklärt. Aber wenn er dann verlangt wird und man ihn nicht beherrscht, dann auf einmal stellt sich das Gefühl der Unbeholfenheit ein, zumal man anderen allzu leicht auf die Zehen tritt. In England, wo der Smalltalk von jeher sehr viel mehr bedeutete, gilt es zu Recht als ein Mangel an Lebenskultur, nicht locker plaudern zu können. »He has no smalltalk« drückt aus, dass jemandem eine Fähigkeit fehlt, die eigentlich zu erwarten wäre.

Das Beruhigende: Sie lässt sich erwerben. Allerdings nicht im Crashkurs, sondern mit Ausdauer. Bis ein Walzer schwerelos wirkt, braucht es auch sehr viel Übung. Und beim Smalltalk braucht es darüber hinaus die Bereitschaft, diese Kunst als solche anzuerkennen. Ein geistreicher Smalltalker ist ein Künstler. Auch wenn seine Werke flüchtig sind.

Oscar Wilde, in der Londoner Gesellschaft als Meister der leichten Konversation berühmt, sonderte nicht etwa reihenweise seine berüchtigten bissigen Aphorismen ab. Er schaffte es, jeden noch so verklemmten, schweigsamen, schwierigen Gesprächspartner in einen Menschen zu verwandeln, der einen Charme versprühte, von dem er selbst vorher gar nichts wusste.

Denn die großen Künstler des Smalltalks inspirieren und motivieren. Die Nichtkönner hingegen verhalten sich wie klägliche Handelsreisende. Packen ihren Musterkoffer aus, zeigen alles her, was sie anzubieten haben, hoffen, dass das gut ankommt, klappen dann den Koffer zu und ziehen weiter.

Oscar Wildes Erben sonnen sich nicht im Glanz ihrer echten oder vermeintlichen Qualitäten: Sie illuminieren vielmehr ihr Gegenüber. Und plötzlich sieht der Angesprochene sich selbst in einem ganz neuen Licht. Das genau wird er seinem Smalltalkpartner hoch anrechnen. So dass dieser, wie Oscar Wilde, sogar noch als Bankrotteur und Provokateur überall gern gesehen sein wird.

Lust auf Nähe. Der Sinn des Smalltalks

Unser Planet wird immer wärmer. Aber die Gesellschaft zunehmend kälter. Das haben Sie sicher schon oft gehört. Vor allem Städter stimmen diese Klage an, wenn sie inmitten von Menschen vor Einsamkeit frösteln. Wovon sie träumen? Von herzerwärmenden Freundschaften, von emotionaler Geborgenheit, von tiefem Vertrauen. Sie träumen schlicht von einem Idealzustand. Und weil der nicht mühelos und vor allem nicht ohne eigenen Einsatz erreichbar ist, bleiben sie dann oft schmollend für sich.

Mit Beziehungen verhält es sich jedoch wie mit dem Glück: Wer auf das ganz große überwältigende Glück wartet, das über einen kommt wie ein Goldregen, der wartet oft ein Leben lang vergeblich. Glücklich ist, wer erkennt, dass sich Glück zusammensetzt aus vielen kleinen Glückserlebnissen.

Natürlich werden so gut wie nie beim Smalltalk tiefe Freundschaften geschlossen – dazu ist er auch gar nicht da. Selbstverständlich beschert er keine tief greifenden neuen Einsichten und Offenbarungen. Aber er ist der erste Schritt auf das zu, was Freundschaft werden kann. So wie Hunde sich auf der Hundewiese zuerst beschnuppern, bevor sie sich entscheiden, in Zukunft miteinander zu spielen oder einander aus dem Weg zu gehen. Doch selbst wenn es bei diesem leichten Geplauder bleibt, wenn keiner das Bedürfnis hat, mehr daraus zu machen, wenn man bei der nächsten Begegnung wieder amüsiert eine Proseccoglaslänge miteinander verbringt, gibt der Smalltalk den Beteiligten das Gefühl, aufgehoben zu sein in der Welt – allerdings nur, wenn sie den Smalltalk beherrschen.

Das Ziel des Smalltalks ist nicht, bei einem einzigen Anlass möglichst viele Leute zu begrüßen, zu bedienen, abzufertigen und deswegen wenig Zeit zu verlieren mit einem Gespräch. Es geht vielmehr darum, zu gewinnen.

Gewinnen will jeder. Wenn schon nicht Geld, Wettbewerbe, Trophäen oder Ausschreibungen, dann doch Sympathien. Was die Methoden bei diesem Gewinnspiel angeht, sind wir allerdings wählerisch: Wir wollen mit Charme, mit Witz, mit Geistesgegenwart gewinnen. Aber doch bitte nicht mit Smalltalk. Dem trauen wir gar keine Gewinnchancen zu.

Die hat er auch nur, wenn sein Unernst mit Ernst betrieben wird. Smalltalk hat nicht den Sinn, Selbstdarstellern eine Plattform zu bieten. Er hat auch nicht den Sinn, »zu reden, ohne zu denken«, wie de Kowa behauptet, dass also jeder seine kostbaren Gedanken für bessere Anlässe aufspart. Ans Smalltalkpublikum, sagen sich de Kowas Gleichgesinnte, verschwenden wir doch keine Geistesblitze. Dabei weiß jeder von anderen Gewinnspielen, dass nur bei einem ordentlichen Einsatz auch etwas herausspringt.

Zugegeben: Manchmal sieht eine smalltalkende Gesellschaft mit etwas Abstand betrachtet aus wie ein Sammelsurium von Laienschauspielern – jeder produziert sich, keiner hört zu. Aber das spricht nicht gegen den Smalltalk, nur gegen Leute, die ihn falsch verstehen. Er ist nicht gedacht als Unterhaltungssendung, bei der es mehr Sender als Empfänger gibt. Vielmehr hat Smalltalk den Sinn, eine Gemeinschaft auf Zeit zu bilden. Menschen, die mehr oder weniger zufällig aufeinander treffen, miteinander zu vernetzen – nur ein paar wenige Stunden lang. Und aus diesem Netz sollte keiner herausfallen. Ob ein Gast alleine kommt oder in Begleitung, ob er älter oder jünger ist als die Übrigen, deutlich schlechter oder unübersehbar teurer angezogen, belesen oder ungebildet – der Smalltalk bindet ihn mit ein. Denn er kennt keine Hierarchien.

Das Problem, mit dem sich jeder Gastgeber herumschlägt, der eine Tischordnung erstellen soll, kennt der Smalltalk nicht. Es gibt keine besseren und schlechteren Plätze oder wichtigere und unwichtigere Nachbarn. Sondern es herrscht der paradiesische Zustand, dass alle gleich sind und die gleichen Chancen haben, miteinander ins Gespräch zu kommen. Das klingt einfacher, als es ist: Unter allen Formen der Kommunikation ist der Smalltalk diejenige, die am meisten diplomatisches Geschick erfordert.

Kaum jemand bestritte den Sinn der Diplomatie. Diplomaten genießen meistens Ansehen, weil sie ein Inbegriff von Erziehung, von Beherrschung, von Kultiviertheit sind. Müssen sie es doch schaffen, Frieden mit lässiger Selbstverständlichkeit zu wahren, also ohne pazifistische Grundsätze oder Parolen vor sich her zu tragen. Unliebsame Wahrheiten zu verschweigen, ohne zu lügen. Und auch solche Kontakte herzustellen, bei denen es Funken schlagen und einen Kurzschluss geben könnte, genau das aber zu verhindern.

Der Smalltalk ist die Diplomatie des Alltags. Aber er ist noch sehr viel mehr.

Eine Sauce für Feinschmecker.
Der Charakter des Smalltalks

Unverfänglich und unverbindlich soll Smalltalk sein. Das ist leicht gesagt. Denn das bedeutet nicht etwa unbeteiligt. Fragen zu stellen, Episoden zu erzählen, aktuelle Themen anzuspielen, ohne dass sich jemand darin verfängt, ist bereits eine schwierige Übung. Denn Fallen lauern überall. Mit der Faustregel, nicht über Religion und Politik zu reden, kommt da keiner zurande. Gerade in Kreisen, wo jeder jeden von irgendwoher, und sei es nur vom Hörensagen kennt, ist das gesellschaftliche Parkett ein einziges Glatteis. Da hat man mit einer lasterhaften Bemerkung über ein zu tiefes Dekolleté gerade einen Lacher geerntet, und schon sagt jemand mit beunruhigend stoischem Gesichtsausdruck: »Das ist meine Freundin.«

Den Gesprächspartner nicht zu binden, erfordert ebenfalls Fingerspitzengefühl, heißt das doch, ihn weder an einem Thema festzubinden noch an einer Bemerkung, die er gemacht hat und schon gar nicht an die eigene Person als Gesprächspartner. Der Smalltalk ist die freieste Form der Unterhaltung – sonst verdient er seinen Namen nicht. Und ein Smalltalkkönner würde dieses Freiheitsgefühl niemals beeinträchtigen.

Unverfänglich und unverbindlich ist der Smalltalk nur dann, wenn er nicht kühl kalkuliert wird, also keinen eindeutigen Zweck verfolgt. Wer ihn absolviert, um im Dunstkreis der Harmlosigkeit strategisch wichtige Ziele zu erreichen, verrät die Idee des Smalltalks. Der Charme des Smalltalks ist nicht der einer Femme fatale oder eines dämonischen Abenteurers, sondern der einer Doris Day oder

Julia Roberts, eines Cary Grant oder eines Brad Pitt: frei von List und Argwohn. Ihn berechnend zum Ziehen neuer Drähte zu verwenden, ist Missbrauch.

Gut, wir alle haben wenig Zeit für die so genannte Kontaktpflege. Und polieren daher vor allem die beruflich notwendigen oder hilfreichen Kontakte.

Doch es ist bedenklich, den privaten Smalltalk dafür einzusetzen. Diese Gradlinigkeit riecht dann so sehr nach Berechnung, dass die Absichtlichkeit offenbar wird und der Kontaktierte mit gerümpfter Nase das Weite sucht.

Smalltalk ist die Kunst des Indirekten. Ob es sich um die indirekte Rede handelt oder eine indirekte Anspielung. Ein Geschäftsgespräch ist wie die unverblümte Anmache: Die Teilnehmer nehmen die verbale Autobahn, weil das schnell geht und direkt. Der Smalltalk aber soll wie eine Promenade sein, eine Kurpromenade mit Palmen und Blumenrabatten, auf der sich keiner verläuft, aber auch niemand im Rekordtempo sein Ziel erreichen will. Denn beim Promenieren, jener Fortbewegungsform, die mediterrane Menschen so vollendet beherrschen, ist das Verweilen mindestens so wichtig wie das Weitergehen. Es gleicht eher einem Sich-treiben-Lassen in sachter Strömung. Genüsslich lassen sich die Menschen mal hier anspülen und mal dort. Nicht anders beim Smalltalk: Wer ihn beherrscht, kennt die Direttissima nicht, sondern lässt sich wohlig treiben. Von alleine allerdings geschieht hier trotzdem nicht alles: Dort, wo der Smalltalker angespült wird, hat er seine Kunst zu beweisen. Und der Smalltalk ist komplex und kompliziert wie die kleine Kunstform so oft. Ein gelungener Aphorismus fordert mehr Talent als manche Sonntagspredigt, ein Haiku mehr als manche lange Erzählung. Im leichten verrät sich Könnerschaft – das bestätigt jeder große Koch. Smalltalk muss sein wie eine vollkommene Sauce:

leicht, aber voller Geschmack, dezent und angenehm. Wie eine gekonnte Sauce tötet er nichts ab, deckt nichts zu, sondern verbindet. Unverbindlich muss er aber in dem Sinn bleiben, als er nicht bindet: weder an Personen noch an Inhalte oder Versprechen. Verbindende Themen aber braucht es, und wer den Gesprächspartner fesselt, gilt erst recht als guter Smalltalker. Locker sollen wir dabei wirken, aber nicht lose daherreden. Spannungen darf es nicht geben, spannend sollte es aber durchaus sein.

Aus dem Handgelenk erledigen Könner ihre Arbeit – das heißt mühelos und unverkrampft. Dieses Bild eignet sich gut, um den Charakter des Smalltalks zu verdeutlichen. Es geht bei dem Ganzen schließlich um nichts anderes als um Kontakte. Und »Kontakt« kommt vom lateinischen »contingere« für anrühren, berühren. Beim Smalltalk geht es in jeder Hinsicht genau darum: um den richtigen Umgang mit Nähe und Distanz, körperlich, geistig und gefühlsmäßig. Sich näher zu kommen, ohne sich zu nahe zu kommen, das ist das Wesentliche.

Wenn Sie etwas aus dem Handgelenk schütteln wollen, dürfen Sie sich nicht verkrampfen, dürfen sich an keiner Person und keinem Thema festklammern. Das heißt: Sie müssen spielerisch umgehen mit den Menschen und den Themen. Das verlangt leider einiges. Zwar ist es richtig, Smalltalk als ein Gesellschaftsspiel zu betrachten. Aber wichtig ist, nicht nur dessen Regeln zu kennen, sondern auch dessen Anforderungen an jeden Mitspieler.

Fragt sich nur: Welche Sorte Spiel stellt der Smalltalk dar?

Mit Sicherheit kein Schachspiel, denn wer Schachspielern zuschaut, weiß, dass dabei nie gelächelt, geschweige denn gelacht wird. Und dass Siegen oder Verlieren niemals auf die leichte Schulter genommen werden. Denn nicht das Glück, sondern die Intelligenz und das strategische Denken entscheiden den Ausgang.

Smalltalk muss aber auch mehr sein als ›Mensch-ärgere-dich-nicht‹. Es reicht nicht, wenn ein Smalltalker es schafft, sich über den Gesprächspartner nicht zu ärgern, der ihm dauernd auf die Füße tritt.

Smalltalk kann auch niemals ein Computerspiel sein, denn er braucht Mitspieler. Und es kommt nicht auf Reaktionsgeschwindigkeit an, denn Smalltalk ist kein Messen der Geistesgegenwart.

Am ehesten lässt sich dieses Gesellschaftsspiel mit einem heute beinahe vergessenen vergleichen: mit Mikado. Dabei müssen unterschiedlich markierte Hölzchen aus einem ungeordneten Haufen so sacht herausgezogen werden, dass sich die anderen Stäbchen nicht bewegen. Das fordert Geschicklichkeit und Behutsamkeit, innere Ruhe und höchste Aufmerksamkeit. Und vor allem Feingefühl.

Nase, Nerven, Fingerspitzen.
Die Anforderungen des Smalltalks

Smalltalk, spotten manche, heißt mit vielen über Unwichtiges reden, statt mit wenigen über Wichtiges.

Schon die Anzahl der wechselnden Partner lässt ihnen den Smalltalk unsolide erscheinen. Und je mehr Anlässe einer besucht, die Smalltalk unumgänglich machen, desto tiefer ist das Misstrauen gegen diesen Menschen, der mit Tiefgang offenbar so viel anfangen kann wie ein Spice Girl mit Beethovens Missa Solemnis.

Je mehr sich das Klischee verfestigt, Smalltalk sei etwas für oberflächliche Menschen, die nur froh sind, wenn die Situation ihnen alles Vertiefende erspart, desto mehr versäumen die Menschen, ihn ausdauernd zu trainieren.

Wobei die Ausdauer nicht für einen Marathon gefordert wird, sondern für viele kurze Matches, ob Einzel, Doppel oder gemischtes Doppel. Es kommt darauf an, wie oft und mit wie vielen unterschiedlichen Partnern geübt wird. Denn nicht immer widersprechen sich die Gesetze von Qualität und Quantität. Was den Umgang mit Menschen angeht – und »conversation« bedeutet wörtlich nichts anderes als Umgang –, ist eine bestimmte Quantität sogar die Grundvoraussetzung für Qualität. Das bestätigt ein Mann, der nicht gerade für seine Oberflächlichkeit bekannt ist. »Für die Entwicklung einer Seele zu einem reichen, freien Leben sind viele Kontakte nötig«, hat August Strindberg geschrieben. »Je mehr Menschen man sieht und spricht, desto mehr Gesichtspunkte, desto mehr Erfahrung gewinnt man.«

Smalltalk braucht Erfahrung

Die beiden Herren sind nicht angezogen, wie es hier erwartet wird. Beide in derber Lederjacke statt im Sakko, darunter ein Pulli statt Hemd und Krawatte, und auch die Schuhe und Hosen sind bestenfalls als sportiv zu bezeichnen. Nicht einmal die dem Lokal angemessene Uhr reißt das Ganze heraus. Wer so auftritt in der Münchner Luxusgastronomie, entscheidet der Kellner, hat von Luxus keine Ahnung und auch kein Geld dafür. Wäre dumm, denen einen der begehrten Fenstertische zu geben, wenn sie dann nur Bier trinken und in Ermangelung von Pizza die billigste Pasta bestellen. Er weist ihnen einen Tisch zu, der eigentlich als Nottisch läuft: eng, direkt an der Treppe und dunkel. Ohne zu protestieren klemmen sich die beiden dorthin. Kurz darauf hetzt ein Kellner aufgeregt zum Chef; die beiden unpassenden Gäste hätten Foie gras bestellt und dazu einen Château d'Yquem 1985 für 1.200 Mark.

Menschenkenntnis verlangt, viele Menschen genau beobachtet zu haben. Und zwar sehr unterschiedliche. Wer wie der Münchner Oberkellner nur eine beschränkte Auswahl vor Augen hat, dessen Kenntnis bleibt entsprechend beschränkt. Wollen Sie sich ähnliche Reinfälle ersparen, sollten Sie jede Gelegenheit zum Smalltalk nutzen. Es sei denn, der Gesprächspartner verströmte eine ungute Aura, physisch (also hygienisch) oder mental. Trainieren Sie den Smalltalk überall. Reden Sie

- im Wartezimmer mit einem anderen Patienten, dem das Lesen offenbar keinen Spaß macht
- auf der Toilette im Theater, im Kaufhaus oder Restaurant mit der Putzfrau/dem Putzmann. Es ist erstaunlich, wie viele lebenskluge Leute dort arbeiten

- im Taxi mit dem Fahrer – es sei denn, er habe keine Lust darauf oder fahre wie ein Kamikaze
- mit der Frau, die am selben Spielplatz von der Bank aus ihren Kindern zusieht
- mit jemand, der mit Ihnen um Eintrittskarten ansteht
- im Lokal mit dem Kellner oder der Kellnerin
- mit der Sekretärin/dem Sekretär, während man auf den Termin mit dem Chef/der Chefin wartet

Je breiter das Spektrum, desto größer die Erfahrung. Allerdings: Was wir selbst als Offenheit einschätzen, kann der andere als Zudringlichkeit empfinden – weil er eben seine eigenen Erfahrungen gemacht hat.

Der Fahrgast steigt in ein Taxi ein, dessen Fahrer ihn mit deutlichem Akzent begrüßt und so gar nicht nach einheimischem Mehlwurm ausschaut.
Fahrgast: Wo kommen Sie her?
Taxifahrer: Warum?
Fahrgast: Es interessiert mich eben.
Taxifahrer: Ich bin deutsch.
Fahrgast: Aber wo sind sie geboren?
Taxifahrer schweigt ostentativ.
Fahrgast: Wie lange sind Sie denn schon hier?
Taxifahrer: Sie haben etwas gegen Ausländer, was?

Erfahrung macht umsichtig und vorsichtig. Und das hilft, Fettnäpfen aus dem Weg zu gehen. Wenn Sie gelernt haben, genau und ohne Vorurteile hinzuschauen, verkneifen Sie sich manchmal eine nahe liegende Frage und warten eine Weile ab. Denn Fragen können verletzend sein. Also zuerst beobachten – und sich selbst etwas fragen.

Zum Beispiel bei einem Empfang zu Beginn des neuen Jahres nach Absolvierung aller Feiertagsmenüs. Wenn da eine Bekannte mit wohl gerundetem Bäuchlein neben ihrem Mann steht, die vor ein paar Monaten noch einwandfrei Größe 38 trug und aus ihrem glatten, rund gewordenen Gesicht zufrieden lächelt. Da kann die liebevoll gemeinte Frage »Wann ist es denn so weit?« zu höchst unerfreulichen Reaktionen führen.

Ein Smalltalker mit Erfahrung hätte sich nie so weit vorgewagt. Sondern sich zuerst mal herangetastet mit der Frage: »Und was steht bei Ihnen dieses Jahr ins Haus?« Wird der Nachwuchs dann nicht erwähnt, hat der Bauch andere Ursachen. Und die sind absolut smalltalkungeeignet. Übergewicht ist ein Thema, das überall und jederzeit für miserable Stimmung sorgt, denn irgendwer wiegt immer zu viel oder bildet sich das zumindest ein.

Erfahrung ist auch in manchen anderen Äußerlichkeiten nötig und nützlich. Ein Modeexperte brauchen Sie nicht zu sein, aber Sie müssen immerhin so viel von Mode verstehen, dass Ihnen klar ist: Nicht alles, was ein bisschen ärmlich oder billig ausschaut, ist es auch. Im Gegenteil: Viele große Designer kokettieren gerne mit zu lauten Farben, zu viel Gold und zu heftigen Mustern. Oder umgekehrt mit uneingesäumten Jacken und Hosen. Wenn Sie nicht wirklich sattelfest sind, lassen Sie sich vor allem auf keine Zuschreibungen ein. Denn nichts nehmen wahre Modekenner mehr übel als falsche Prima-Vista-Diagnosen. Ein Mensch, für den Mode Konfektion ist, versteht schwerlich, warum einer, für den Mode Konfession ist, es als persönliche Beleidigung empfindet, wenn das Yves-Saint-Laurent-Kostüm für Versace gehalten wird oder der Helmut-Lang-Anzug für Boss.

Aus Erfahrung klug, macht der Smalltalkkönner also nur ein Kompliment.

Und zwar nicht eins, was das Outfit als solches würdigt –

das wäre nur ein Kompliment an den Designer –, sondern wie gut es dem Träger steht.

Beobachtungsgabe wird niemandem geschenkt, jeder muss sie erwerben. Und dabei möglichst leise auftreten, damit es keine schmerzlichen oder peinlichen Fehleinschätzungen gibt.

Erfahrung hilft auch, wenn eine Bekannte plötzlich wie eine Unbekannte aussieht. Ist sie's oder ist sie's nicht? Gut, sie hat eine andere Frisur, ganz kurz. Das Gesicht sieht aufgedunsen aus, zu glatt, die Wangen sind zu Bäckchen geworden, der Hals wirkt verändert. Hat sie zugenommen? Nimmt sie Medikamente, Aufputschmittel? Oder war hier ein Skalpell zugange? Und schon platzt die neugierige Frage heraus: »Sag mal, hast du dich jetzt liften lassen?« Dieser Satz als Eröffnung des Smalltalks ist auch dessen Ende. Der Könner lässt immer alles offen und fragt nur: »Du siehst irgendwie ganz verändert aus. Woran liegt das?« Dann kann die frisch überarbeitete Dame auf den neuen Haarschnitt verweisen oder auf eine Ayurveda-Kur, die sie gerade hinter sich habe. Der Eingeweihte weiß natürlich Bescheid, denn er kann hinschauen und hat auch die mimischen Änderungen bemerkt – dass sie nicht mehr so breit und offen lacht wie früher, dass die Augen eigentümlich aufgerissen wirken. Deswegen ist er auf der Hut. Wer seine Beobachtung schult, sieht nämlich nicht nur ein, zwei Details, er nimmt vieles gleichzeitig wahr. Veränderungen im Gesicht *und* in der Haltung, in der Aufmachung *und* im Ausdruck, am Körper *und* in der Stimme, in der Frisur *und* im Gang. Es geht darum, nicht nur einen Aspekt zu berücksichtigen, sondern alle Einzelbeobachtungen zusammen zu zählen. Wie ein guter Arzt kann der erfahrene Smalltalker dann die Diagnose auf den ersten Blick stellen. Natürlich nur still für sich. Und für seinen souveränen Umgang.

Smalltalk braucht Einfühlungsvermögen

Die junge Frau schaut erschöpft aus und gealtert. Die Falten neben dem Mund sind schärfer geworden, ihre Augen wirken übermüdet, ihre sonst so prächtigen Haare sind stumpf und ungepflegt.
»Was ist denn mit Ihnen los! Geht es Ihnen nicht gut?«
»Warum fragen Sie?«
»Sie schauen so ... so angestrengt aus.«
»Das kann gut sein. Ich hab die letzten drei Monate meine sterbende Mutter versorgt. Vierundzwanzig Stunden, rund um die Uhr. Heute bin ich zum ersten Mal wieder ...«
»Woran ist sie denn gestorben?«
»Darmkrebs. Aber eigentlich wollte ich heute ...«
»Und war sie denn in guten Händen? In welcher Klinik hat sie gelegen?«
...

Nach diesem Versuch eines Smalltalks sieht die junge Frau noch älter aus.

Sie hatte ja gehofft, hier allen Nachfragen zu entkommen.

Dass jemand erschöpft, traurig oder sogar krank wirkt, ist kein Thema für den Smalltalk. Ein guter Smalltalker bemerkt und berücksichtigt das und wird das Thema pflegebedürftige Eltern, Erfahrungen mit Ärzten, Untersuchungsergebnisse und Tod weiträumig umfahren. Bringt der Betroffene das Gespräch von sich aus darauf, weiß der einfühlsame Smalltalker das als Hilfeschrei zu verstehen. Und wird versuchen, das Gespräch zeitlich und örtlich so zu verlagern, dass ein Bigtalk drin ist: »Sollen wir uns morgen auf einen Cappuccino treffen?« ist zwar eine Frage, aber hier die richtige Antwort.

Umgekehrt sollten Sie als Smalltalker nicht die gewünschte Leichtigkeit mit Oberflächlichkeit verwechseln. Das machen bereits die Smalltalkverächter.

Sieht ein Gegenüber Besorgnis erregend aus, dann bringen Sie als sensibler Smalltalker das Gespräch auf Stress und vielleicht auf das, was Sie selbst gelernt haben, um Stress abzubauen. Sei es ein Seminar, das Sie besucht haben, ein hilfreiches Buch oder morgendlicher Yoga. Lässt sich der andere nicht darauf ein, dann lassen Sie das Bohren, denn für archäologische Grabungen ist hier nicht der richtige Platz. Empathie aber sollten Sie immer zeigen, wenn Sie besorgt sind. Denn wie die Parzivalslegende vorführt: Nur Parzivals Mitgefühl kann Amfortas endlich erlösen. Und es kann jedem, der leidet, helfen. Spürbar wird das in den Nuancen des Fragens und im Tonfall. Ein forsches »Wie geht's« bekundet bestenfalls Neugier, meistens nur Einfallslosigkeit.

»Wie geht es dir/Ihnen?« klingt völlig anders. Ohnehin: Es kommt bei dieser Frage immer auf den Tonfall an. Und der andere spürt sofort, ob es sich nur um eine Floskel handelt, die abgesondert wird, oder ob die Frage wirklich aus dem Herzen kommt und eine Antwort erwartet.

Es gibt Menschen mit einer angeborenen Herzlichkeit, aus deren Mund sich jede Höflichkeitsformel echt empfunden anhört. Warum? Weil sie es ist. Der altmodische Ausdruck »auf die Stimme des Herzens hören« macht ausgerechnet beim als herzlos-konventionell verschrienen Smalltalk Sinn: nicht in langen Aktionen erfragen, sondern erspüren, was los ist. Seelisch offene Poren zu haben ist für den Smalltalker eine Grundvoraussetzung, denn nur dann funktioniert die nonverbale Osmose.

Fragt sich nur, wie das mit der Porenöffnung geht.
- Legen Sie mit dem Mantel Ihre persönlichen Querelen und Probleme ab. Wenn Ihre Gedanken um die eigenen

Sorgen und Interessen kreisen, sind Sie zum Smalltalk so geeignet wie ein Politiker auf Wahlkampfreise zum Seelentrösten.

- Riechen Sie, schmecken Sie, hören Sie, fühlen Sie – lassen Sie's nicht beim Sehen bewenden. Ein bestimmtes erotisches, delikates, vielleicht auch zu starkes Parfum, ein leichter Alkoholdunst von der letzten Nacht, etwas Heilkräuteröl oder ein Mentholbonbon, eine Prise Landluft (Kuhstall oder Pferdestall?), Zigaretten-, Zigarren- oder Pfeifenrauch in den Kleidern, Sonnenölduft, etwas Küchenaroma im Haar oder die unüberriechbare Zwiebelnote der Nervosität? Körpergeruch und -duft sind viel sagend. Und sie sagen das Viele in extrem kurzer Zeit. Diese Wahrnehmungen sind Vorgaben fürs Verhalten und für sensible Fragen.
- Fühlen Sie die Grundstimmung Ihres Gegenübers. Konzentrieren Sie sich darauf, den Grad der inneren Anspannung zu erkennen: Was machen die Hände? Ist die Stirne glatt oder gerunzelt? Es spricht nicht nur die Körpersprache Bände, sondern auch die Stimme. Flattert sie oder sitzt sie richtig? Klingt sie ausgeruht, sonor, gelassen oder nervös?
- Erspüren Sie, was der andere von diesem Smalltalk erwartet: Will er selber dringend etwas loswerden, aktiv und produktiv sein? Oder will der andere abgelenkt werden, geführt und vielleicht entführt werden? Möchte er gern von Ihnen auf andere Gedanken gebracht werden?
- Nehmen Sie bewusst den Zustand Ihres Gegenübers auf; wirkt Ihr Gesprächspartner hektisch, überarbeitet, gestresst – »grade noch geschafft, hierher zu kommen«? Wirkt er etwas geistesabwesend, so als sei er noch immer mit einem ganz anderen Thema beschäftigt? Wirkt er suchend?

- Registrieren Sie auch das Äußere detailgenau. Hat er etwas Vernachlässigtes, Verstörtes oder Aufgewühltes? Oder ist ihm anzusehen, dass er sich Zeit gegönnt hat zur Vorbereitung? Erfassen Sie schnell den Zustand von Schuhen, Krawatte, Make-up, Frisur. Es ist kein Zufall, dass seit Sherlock Holmes alle Detektive sich zumindest in Kriminalromanen dadurch auszeichnen, dass sie ganz genau hinschauen – und aus diesen kleinen Beobachtungen große Schlüsse ziehen.

Smalltalk braucht innere Ruhe

Wenig Zeit – das fällt den meisten zuerst beim Stichwort Smalltalk ein. Wozu dann also bitte innere Ruhe?

Einfach dafür, dass wir uns in der kurzen Zeit konzentrieren können auf das, was der andere sagt. Es geht beim Smalltalk darum, dem anderen sofort lebendiges und waches Interesse an seiner Person zu signalisieren. Und das funktioniert nur, wenn wir uns konzentrieren auf seine Worte, Gesten, Hinweise und Reaktionen. Den Tipp des TV-Moderators Letterman, sich in Gedanken mit etwas ganz anderem zu beschäftigen, während der Mund Floskeln absondert, sollten Sie beim Smalltalk unbedingt beherzigen – wenn Sie gerne als flatterhaft, oberflächlich und an Mitmenschen desinteressiert gelten wollen. Inter-esse heißt Dazwischensein. Und meint nicht zwischen allen Gruppen zu jonglieren, sondern sich einzulassen auf das, was außerhalb der eigenen Person passiert. Sich zwischen Ich und Du aufzuhalten. Und nichts macht einen Menschen so sehr an wie das Interesse von anderen. »Ein

Mann«, hat Marlene Dietrich verraten, »interessiert sich im Allgemeinen eher für eine Frau, die sich für ihn interessiert, als für eine Frau mit schönen Beinen.« Interesse zu zeigen ist eine einfache und wirkungsvolle Methode, jemand anderen in seinem Selbstwertgefühl zu stärken. Denn er sagt sich: Offenbar bin ich ein Mensch, der Interesse weckt. Keine Durchschnittserscheinung.

Aber was, wenn der Gesprächspartner schlichtweg uninteressant ist, fragen da viele. Dann haben Sie ihm einfach nicht die richtigen Fragen gestellt. Oder sich nicht konzentriert auf das, was er gesagt hat. Was, fragen die Praktiker hier unausweichlich, ist an einem anderen Menschen denn im Allgemeinen von Interesse? Wo kann jeder etwas über sich erzählen, ohne sich ausgefragt vorzukommen? Wo hat jeder das Gefühl, unverwechselbar zu sein und wirklich etwas mitzuteilen?

- *Der Geschmack*. Ob es um Bücher, Musik, Reiseziele, Sprachen, Blumen, Farben oder Parfums geht, ums Essen oder den Wein, um Filme oder Stars. Zu erkunden, was dem anderen gefällt und was ihm missfällt, ist aber nur möglich, wenn Sie sich selbst weitgehend zurücknehmen. Nicht gerade anregend ist die Antwort: »Ach, das finden Sie gut? Aber das ist doch miserabel geschrieben.« Auch die Frage: »Was lesen Sie denn gerade?« ist unklug, denn nicht jeder hat die Zeit, sich allabendlich ein paar Seiten eines guten Romans zu gönnen. Und wer anfängt, derzeit Aktuelles abzufragen, gibt seinem Gesprächspartner das nicht sehr beliebte Gefühl, in einer Prüfung zu stehen.
- *Die Wohnung*. Unangemeldete Besucher bei sich zu Hause wollen die wenigsten, aber darüber zu erzählen, wo und wie man wohnt, warum man alles in Weiß hat,

was der Vorteil von kleinen Wohnungen ist, was sich durch Feng Shui verändert hat, warum man Teppichboden oder Parkett vorzieht, inwiefern die Katze die Einrichtung bestimmt, warum einem eine Pantry besser gefällt als eine Küche, wie schön es ist, unterm Dach zu wohnen – das ist für die meisten ein beliebtes Thema. Oder auch warum man dringend eine neue Wohnung sucht. So genannte Events sind der effektivste Wohnungsmarkt. Dort werden die wirklich interessanten Objekte vermittelt.
- *Die Sehnsüchte.* Klingt nach einem absolut ungeeigneten Thema für den Smalltalk, ist es aber nicht. Es braucht allerdings einen Anlass, darauf zu sprechen zu kommen, aber dann bricht aus den meisten Menschen mit großer Kraft der geheime Wunsch heraus. Sie fragen in der Konzertpause: »Haben Sie jemals davon geträumt, Pianist zu werden?« Und erfahren auf einmal: »Nein, ich wäre am liebsten Arzt geworden.«

Nur ein aufmerksamer Mensch hakt an genau dem richtigen Punkt ein und greift das Richtige auf. Nur wer sich konzentriert, erkennt die sich bietenden Chancen. Leider stellt aber für viele Menschen der Smalltalk auf größeren Veranstaltungen eine Art Partyhüpfen ohne realen Ortswechsel dar. Sie können sich nicht für eine Party entscheiden und die von Anfang bis Ende genießen. Weil sie meinen, woanders etwas zu versäumen. Oder noch schlimmer: die wichtigere von beiden, also die mit den prominenteren Gästen, verpasst zu haben.

Gehen Sie zu einer der üblicherweise »Event« genannten Menschenansammlungen oder auf eine Party, dann geben Sie bitte mit der Garderobe diese innere Unruhe ab. Erstens sieht man sie Ihnen an und sie steht keinem gut.

Zweitens werden Sie damit bei jedem Gespräch nur getrieben wirken und, ohne es auszusprechen, anderen den Eindruck vermitteln, nach irgendjemand Besserem Ausschau zu halten. Wenn Sie dann noch dauernd suchend die Blicke schweifen lassen, hinterlassen Sie überall den Eindruck, ein Opportunist zu sein oder eine Prominentenklette.

Natürlich sollen Sie beim Smalltalk keine Wurzeln schlagen, das nähme ihm ja seinen Charme. Aber doch so viel Gelassenheit ausstrahlen, dass Ihre Gesprächspartner ihre Sätze zu Ende bringen können. Innere Ruhe haben heißt auch, nicht hungrig oder gar ausgehungert aufzukreuzen. Und zwar, was den seelischen wie den körperlichen Hunger betrifft.

Wenn Sie mit knurrendem Magen auf einer Veranstaltung landen, sind Sie aufgeschmissen. Auch – oder besonders – dann, wenn ein bekannt teurer Cateringbetrieb die Häppchen liefert. Denn die Grundeinsicht jedes Händlers, Seltenheit steigere den Wert des Produkts, wird in diesem Bereich besonders streng beherzigt. Und die erbitterte Bemühung, an Nahrung ranzukommen, verwandelt den Smalltalker in einen Nahkämpfer von zweifelhaftem Charme.

Außerdem lässt sie nicht einmal einen smallsten Talk zustande kommen.

Nicht weniger qualitätsmindernd wirkt sich der seelische Hunger aus. Auch er macht unruhig und zieht die Aufmerksamkeit von anderem ab.

Seit Monaten suchen Sie den neuen Partner fürs Leben. Und Sie haben nun den Beschluss gefasst, ihn bei diesem Stehempfang aufzutun, wo Sie überall vorbeikommen und die große Auswahl haben. Diese Entschlossenheit steht in Ihrem Blick, in Ihrem Gesicht – und schreckt jeden ab, sich auf einen Smalltalk mit Ihnen einzulassen. Schon aus Angst, Sie könnten klammern.

Also, auch wenn Sie Kohldampf nach Liebe in sich spüren – geben Sie sich gelassen. Und denken Sie an das Mikado-Prinzip: Nur mit ruhiger Hand ziehen Sie aus dem unsortierten Haufen die richtigen Hölzchen heraus. Vielleicht ist sogar der oder die Richtige darunter.

Bühne der Menschlichkeit.
Die Theaterdimension des Smalltalks

Der Smalltalk ist ein Einakter für mindestens zwei Personen auf dem Jahrmarkt der Eitelkeit. Oder sagen wir milder: auf dem Marktplatz der Menschlichkeit.

Das Schöne dabei: Sie haben als Smalltalker eine unglaubliche Bedeutung und durchaus künstlerische Freiheit. Und können zu einem Ruhm gelangen, der nicht spektakulär, aber sehr sympathisch ist – dass Sie ein Meister jenes Gesellschaftsstücks sind, das kaum einer mit Hingabe studiert.

Das Heikle dabei: Jeder muss sich in allen Bereichen auskennen. Muss Regie führen können, sie aber ohne beleidigt zu sein an einen anderen abgeben. Muss Darsteller sein (ohne sich als Starschauspieler aufzuspielen – selbst wenn er einer ist) und gleichzeitig Publikum. Muss sogar Inspizient spielen, sich also darum kümmern, dass mit der Bühne alles stimmt und die Requisiten da sind, die es braucht, damit Auftritte und Abtritte zum richtigen Zeitpunkt erfolgen und alle mit dem Notwendigen versorgt sind. Als Tonmeister ist ohnehin jeder für sich verantwortlich, denn wer beim Smalltalk die richtige Lautstärke und den richtigen Ton nicht trifft, kommt nicht gut an. Auch von der Dramaturgie, von der Auswahl geeigneter Stücke, also Themen, sollte er etwas verstehen. Und sich außerdem bei Bedarf in einen Souffleur verwandeln können.

Das alles auch noch in kurzer Zeit, weil ein Smalltalk, wie der Name sagt, keine abendfüllende Veranstaltung ist. Und viele Smalltalks nacheinander erfordern immer neue Inszenierungen. Zumindest, wenn sie gut sein sollen.

Der Smalltalker als Darsteller und Publikum

Die Karten waren teuer. Berühmter Schauspieler spricht die großen Shakespeare-Monologe – frei. Sie sitzen gespannt im Zuschauerraum. Der Star tritt mit reichlich Verspätung auf. Er wirkt zerstreut, als der Vorhang aufgeht.

Die ersten paar Minuten ist das Publikum bei der Sache. Obwohl der Schauspieler den Text spricht, als läse er die Gebrauchsanweisung zu einem Staubsauger vor und er sich mehrmals verhaspelt. Vielleicht die Aufregung. Aber dann ertönt der Beginn von Beethovens Neunter. Natürlich auf dem Mobiltelefon, auf einem, das sich irgendwo auf der Bühne befinden muss. Er kramt in seinem Jackett, erst rechts, dann links, während der Beethoven im Mickymauston weitertrillert, findet er es schließlich in der Hosentasche und stellt es ab. Aufseufzend lehnt er sich zurück: »Wo waren wir gerade?« Er zieht aus der Brusttasche das Programm des Abends, schlägt es auf, blättert. »Ach ja, bei Shakespeare.« Nach einigen Sätzen allerdings überkommt ihn ein heftiges Bedürfnis, sich zu schnäuzen und gründlich abzuhusten. Er gibt dem nach. Ausgiebig. Kehrt dann zurück zu Shakespeare, um nach den nächsten monumentalen Versen in seiner Sakkotasche nach etwas zu kramen. Erst als das Lutschbonbon ausgewickelt und eingeworfen ist, geht es weiter, mit Lutschbonbon im Mund.

Unvorstellbar?

Mit umgekehrten Vorzeichen, wenn also Vortragender und Publikum die Seiten wechseln, ist das geradezu alltäglich. Der große Pianist Alfred Brendel brach deswegen einmal einen Klavierabend nach den ersten Akkorden ab. Sagte: »Stille ist die Voraussetzung für Musik.« Und wartete so lange, bis es absolut geräuschlos war im Zuschauerraum. Er hätte auch sagen können: Aufmerksamkeit ist die Voraussetzung für jeden Vortrag.

Allerhöchste Aufmerksamkeit: Das macht einen guten Darsteller, ob Sänger oder Schauspieler, aus und ein gutes Publikum genauso. Denn das bindet beide aneinander. Die Konzentration und Präsenz des Darstellers zeigen dem Publikum, dass es wichtig und ernst genommen wird, die Konzentration und Präsenz des Publikums zeigen dem Schauspieler dasselbe.

Gut, aber Smalltalk ist doch keine Kunst, hohe schon gar nicht, werden einige da einwenden.

Wenn Sie also zeigen wollen, wie dumm und lächerlich Sie Smalltalk finden, sollten Sie unbedingt folgende Regeln beachten:

- Kommentieren Sie das, was der andere sagt, bestenfalls mit »Ach so / Ah ja / Wie interessant / Aber nein / Das wusste ich noch gar nicht«.
- Versuchen Sie nicht, sich Fakten oder Namen zu merken. Nachfragen könnten irrigerweise auf Interesse schließen lassen.
- Vergessen Sie keine Sekunde, dass Sie Ihretwegen und nur Ihretwegen da sind. Nutzen Sie die Zeit, während der andere daherquasselt, um Ihre Nase zu pudern, Ihren Schlips gerade zu rücken oder die Uhr richtig zu stellen.
- Verschwenden Sie Ihre Aufmerksamkeit nicht auf diesen einzelnen Menschen. Engen Sie sich nicht ein, indem Sie den, der redet, ansehen. Lassen Sie ungehemmt Ihre Blicke schweifen, wo sich da etwas Spannenderes tut.
- Kümmern Sie sich um Ihre Stimmbänder, damit sie beim nächsten Talk gut drauf sind; suchen Sie einen Pfefferminz oder Kaugummi in ihren Taschen, während der sonst völlig sinnlosen Zeit, das heißt: während andere reden.

- Genieren Sie sich nicht, zu gähnen oder von einem Bein aufs andere zu treten, um zu zeigen, wie sehr Sie sich langweilen. Warum sollten Sie sich denn für einen Nobody verstellen?
- Wenn Sie selbst etwas sagen: Bitte keine originellen Ideen ausplaudern – das ist der andere und der Smalltalk an sich nicht wert.
- Halten Sie sich an bewährte Fragen wie die nach dem Wetter, denn alles andere könnte womöglich Gegenfragen wachkitzeln.
- Ob Sie Anekdoten, Witze oder etwas Alltägliches erzählen: Machen Sie möglichst keine Pausen zwischen Ihren Geschichten, sonst kommt das Gegenüber vielleicht auf die Idee, sich wieder zu produzieren. Und man weiß ja: kaum hat so jemand den Fuß in der Tür, ist er nicht mehr wegzukriegen.
- Hören Sie nicht auf den sentimentalen Ratschlag, ein Smalltalker habe sich einem oder ein paar wenigen Gesprächspartnern zu widmen und mit denen in dezenter Lautstärke zu unterhalten. Wäre doch die reine Verschwendung Ihres sprühenden Witzes. Versuchen Sie, beim Smalltalk in größeren Menschenansammlungen einen Platz einzunehmen, von dem aus Sie gut gesehen und gehört werden. Und reden Sie laut genug!
- Lassen Sie sich auf keinen Fall durch falsche Rücksichtnahme in Ihrer Körpersprache einengen. Gestikulieren Sie, auch wenn es den anderen stört, damit Ihre Darbietung genügend Fernwirkung besitzt.
- Machen Sie mit wenigen Worten klar, dass Sie sich auf einem geistigen oder gesellschaftlichen Niveau befinden, wo ein Wortwechsel wie dieser hier Perlen vor die Säue werfen heißt. Der Smalltalk also eigentlich keine Unterhaltung ist, sondern eine Herablassung.

- Wenn der andere sich produziert, hören Sie nur mit halbem Ohr hin und bereiten Sie währenddessen den Absprung vor.

Sollten Sie jedoch der Ansicht sein, Smalltalk sei eine Kunst, dann versuchen Sie, genau das Gegenteil zu machen von all dem, was die Smalltalkverächter vorführen.
- Benehmen Sie sich wie ein Schauspieler, der auch in einem Hinterhoftheater mit zehn Zuschauern so engagiert spielt, als säße dort ein riesiges Galapublikum. Und benehmen Sie sich als Publikum so, als hörten Sie nicht irgendeinem mehr oder weniger Bekannten zu, sondern einem der großartigsten und ergreifendsten Stars. So, als gäbe es jetzt nichts Wichtigeres auf der Welt. Das macht anfangs Mühe, weil es höchste Konzentration verlangt. Aber das ist die Grundvoraussetzung dafür, dass Sie sich nicht langweilen, nicht husten oder gähnen. Es soll Leute geben, die behaupten, das übliche philharmonische Hustkonzert sei nur ein Zeichen dafür, dass die Zuhörer nicht bei der Sache sind. Es gibt Menschen, die schlafen noch beim Fortissimo im Konzertsaal ein. Und das ist fast nie ein Zeichen der zu großen Erschöpfung, sondern der zu geringen Aufmerksamkeit. Wer aufmerksam zuhört, wird eben dadurch hellwach. Und das ist ein angenehmes, erfrischendes Erlebnis, auch beim Smalltalk.
- Sprechen Sie so, dass sie gut verstanden werden, aber nicht so lautstark, dass jeder merkt: Sie wollen von allen ringsum wahrgenommen werden. Nuscheln Sie aber auch nicht und vor allem: Flüstern Sie unter keinen Bedingungen einem von mehreren Beteiligten etwas ins Ohr.
- Gute Sprache ist diejenige, die Slang, Jargon und Spezi-

alausdrücke konsequent vermeidet. Denn das alles grenzt Menschen aus, die diese Sondersprachen nicht kennen. Selbst wenn es keine komplizierten Fremdwörter, sondern nur Szene-Ausdrücke sind, an die Sie sich gewöhnt haben: Wenn Ihr Gegenüber nicht weiß, was »rödeln« heißen soll oder »abgefahren«, fühlt er sich allein gelassen und ahnungslos.
- Sehen Sie, wenn Sie gerade im Zuschauerraum sitzen, den an, der redet. Und niemanden sonst. Und schauen Sie ihm bitte in die Augen, nicht auf die Krawatte, den Ausschnitt, den hohen Rocksaum oder die hohe Stirn. Denn sonst überlegt er sofort, ob da was nicht in Ordnung ist oder ob sie etwaige Mängel bemerken.
- Wenn Sie gerade Publikum sind, schlaffen Sie nicht ab, begreifen Sie das nicht als passive Rolle. Wenn Sie alles mit unbewegtem Gesichtsausdruck über sich ergehen lassen, hat der andere das Gefühl, Sie zu langweilen oder an Ihnen vorbeizureden. Reagieren Sie auf alles – spontan und ohne Übertreibung.

Wenn Sie wissen wollen, welche Rollen peinlich wirken, in welchen Sie anderen auf den Nerv gehen und wohl kaum einen Publikums-Oscar bekommen, lesen Sie weiter auf Seite 117 ff. Dort finden Sie auch Tipps, wie Sie mit penetranten Laiendarstellern umgehen und dafür sorgen, dass die nicht den ganzen Smalltalk totreden.

Der Smalltalker als Regisseur

»Niemand auf der Welt ist so wehrlos wie ein toter Autor gegen einen lebenden Regisseur«, hat Laurence Olivier geseufzt. Obwohl er gar kein Autor war. Trotzdem hat er es offenbar als leidvoll empfunden, wie Regisseure ihre eigentliche Aufgabe vergessen. »Metteur en scène« heißt der Regisseur bei den Franzosen – er ist einer, der Worte in Szene setzt, also lebendig und plastisch macht. Aber wie kreativ er dabei auch immer sein mag: Seine Rolle ist eine dienende. Seine Fantasie, seine Erfahrung, sein Können, selbst sein Genie stehen im Dienst des Stücks. Wenn dem nicht so ist, protestieren meistens die Zuschauer, die ja vor allem des Stücks wegen gekommen sind.

Veranstaltet ein Regisseur bei einer Mozart-Oper dauernd einen irrwitzigen Hokuspokus auf der Bühne, merkt es jeder im Publikum: Den Regisseur stört bei der Arbeit nur eines – Mozarts Musik.

Der Smalltalk-Regisseur muss eines klar zu erkennen geben: dass er im Dienst des Smalltalks steht – nicht davon ablenken, sondern darauf hinlenken will. Dass er das, was da passiert, nicht mit seinen Einfällen überlagern will, sondern nur sachte dirigieren – so das notwendig scheint. Ein guter Regisseur genießt es, nur aus dem Hintergrund zu wirken, nicht im Vordergrund zu stehen. Lassen Sie, wie das die souveränen Regisseure können, etwas geschehen, sich entwickeln. Haben Sie den Anstoß zu einem Gespräch gegeben, ist es sinnlos neidisch zu sein, dass andere es vielleicht erst richtig in Schwung bringen und hochschaukeln. Es macht vielmehr Lust, das zu beobachten.

Inszenieren Sie den Smalltalk wie ein Regisseur, den Sie bewundern: psychologisch oder sinnlich, hintergründig oder humoristisch, lässig oder spannend. Und greifen Sie sachte helfend ein, wenn jemand Probleme hat mit dem ersten Auftritt oder dem Abgang.

Wenn Sie wissen wollen, wie das geht, lesen Sie weiter auf Seite 68 (Einstieg) oder Seite 80 (Ausstieg).

Der Smalltalker als Dramaturg

Wenn einer sagt, er sei Dramaturg, sind andere beeindruckt. Doch Dramaturgen haben einen undankbaren Job. Er klingt dramatisch und bedeutungsvoll, ist aber mühsam und unscheinbar. Und dabei auch noch anspruchsvoll. »Schauspielmacher« übersetzt der Fremdwörter-Duden das Wort Dramaturg und erklärt, der sei »zuständig für Auswahl und Realisierung eines Stücks«. Der gute Smalltalker muss also entscheiden können, welche Stücke, sprich Themen, sich eignen.

Smalltalk braucht Substanz. Also ein Thema, das Spannung erzeugt, Interesse weckt und einprägsam ist. Auf dramatische Verhältnisse übertragen heißt das: ein Stück, das sacht beginnt, sich steigert, vielleicht einen kurzen Höhepunkt hat und einen knappen Schluss. Nun hat ja der Smalltalker keine Chance, den ganzen Ablauf zu bestimmen, er kann nicht einmal, wie bei einem langen und tiefen Gespräch immer wieder umdirigieren, um es dorthin zu lenken, wo er es haben will.

Doch er kann das Thema so aussuchen, dass es kein Material zur Tragödie liefert oder gar zum absurden Theater, sondern eher zur Komödie. Zumindest aber zum Unterhaltungsstück.

Es gibt Dramaturgen, die wollen mit Auswahl und Behandlung der Stoffe vor allem eins: Eindruck schinden. Und zwar speziell bei der Fachpresse. Das geht selbst bei Staats- und Stadttheatern allerdings nur so lange, wie das Publikum mitmacht. Ein guter Smalltalker fühlt sich wie der Dramaturg eines Boulevardtheaters, das sich selber finanzieren muss. Also sucht er Themen aus, die amüsant, interessant, pikant, aber nicht zu brisant sind. Und die sich nicht um hohe Theorien ranken, sondern auf dem Boden des Menschlichen bleiben.

Wenn Sie wissen wollen, welche Themen wo und wie, also in welcher Form geeignet sind und was sich von vornherein verbietet, lesen Sie weiter auf den folgenden Seiten.

Falls Sie es genießen, der Größte zu sein (das brauchen Sie natürlich nicht zuzugeben), dann meiden Sie den kleinen Talk. Treten Sie lieber einer Laienspieltruppe bei oder ziehen Sie im Freundeskreis Ihre Glanznummer ab.

Der Smalltalk ist ein Stück, bei dem Sie keinen donnernden Applaus erwarten dürfen. Aber mit dem Sie vielleicht mehr für Ihre Beliebtheit tun als mit einem großen Auftritt. Und bei dem Sie mehr als auf jeder Bühne Ihre Wandlungsfähigkeit trainieren und beweisen können.

Nicht zu glitschig und nicht zu trocken. Die Themen beim Smalltalk

»Small is beautiful«, sagten kluge Ökonomen schon vor dreißig Jahren. Weil Wachstum oft zerstörerisch sein kann und Größenwahn entsetzliche Folgen zeitigt. Der Smalltalk nennt sich zu Recht klein. Alles, was zu groß ist, sprengt seine Dimensionen. Zu großer Anspruch natürlich, aber auch zu große Gefühle haben im Smalltalk keinen Platz. Weder große Trauer noch wirklich große Freude, weder starke Rührung noch heftiger Ekel, weder die wuchtige Moralpredigt noch die große Entrüstung oder die gewaltige Provokation.

Damit der Smalltalk klein und schön bleibt, sind von vornherein einige Stoffe auszuklammern.

- *Alles, was Ekel erregt.* Natürlich redet kein Mensch von etwas, was ihn selber ekelt. Aber da gibt es eben die »déformation professionelle«, eine durch den Beruf bedingte Abhärtung gegen so manches. Und die ist wie eine Hornhaut: Sie schützt vor Verletzungen, macht aber auch unsensibel. Einem Dermatologen darf es nicht grausen vor Erscheinungen, deren Bezeichnung alleine schon anderen den Appetit verschlägt und deren Beschreibung ihnen einen Brechreiz beschert. Kann sein, dass Sie ein begnadeter Hobbykoch sind und Ihre Enten selber ausnehmen – erzählen Sie es bitte nicht herum. Und wenn Sie es wunderbar malerisch finden, schön wie ein Stillleben, wenn im Fischsud die Lachsköpfe schwimmen, dann behalten Sie diesen Genuss für sich. Mag sein, dass Sie sich beispielhaft um Ihren armen kranken Hund kümmern, aber dessen Unterleibsgeschwüre haben bei einem Smalltalk so viel zu suchen wie die vielen Schnecken in Ihrem Garten oder die platt gefahrene Katze vor Ihrem Haus. Auch wenn Sie eine Leidenschaft für Austern haben, beschwören Sie die nicht ausgiebig, denn es gibt mehr Menschen, als Sie meinen, die es pervers finden, lebende Wesen zu vertilgen. Selbst Ihre Begeisterung für gesunde Schlammbäder kann bei empfindsamen Geistern Unwohlsein wach kitzeln. Es ist auch ehrenwert, wenn Sie sich für die Rettung der Kröten einsetzen, aber Ihre detailgenauen Beschreibungen der lieben Tierchen rufen bei vielen sehr unliebsame Empfindungen wach. Zu Sigmunds Freude sind alle glitschigen Erscheinungen gerade bei Frauen ein Risikothema – also lassen Sie die Finger vom Glitschigen, wenn Sie nicht selber ausrutschen wollen. Und Ihre bekanntermaßen plastische Sprache darf beim Smalltalk ruhig etwas weniger ausdrucksstark sein. Es mag zutreffen, wenn Sie bestimmte Teppichböden mit erbrochenem Blumenkohl vergleichen, aber beim Smalltalk gehen Sie besser zu appetitlicheren Formulierungen über.

- *Alles, was anstößig sein könnte.* Anstoß erregt, was hart ist wie der biblische Stein des Anstoßes, also verletzen kann. Bei einem längeren Gespräch kann jeder sich vorantasten und erspüren, wo andere ihre wunden Punkte haben und ihre Sensibilitäten. Beim Smalltalk ist dazu keine Gelegenheit. Also vermeiden Sie als kluger Smalltalker alle Themen, die harter Stoff sind. Hardcore im wahren Sinn, also Pornofilme, Kraftausdrücke, obszöne Witze, Gotteslästerliches, verächtliche Bemerkungen über Krankheit und Alter, scharfe Aburteilungen von Bekannten, von Prominenten. Vieles, was im richtigen Zusammenhang brüllendes Gelächter beschert, ist für

den Smalltalk ungeeignet, weil Sie dort die Chemie nicht kennen und einberechnen können. Gerade wenn Sie berüchtigt und beliebt sind wegen Ihrer amüsanten Bissigkeit, ziehen Sie beim Smalltalk einen imaginären Maulkorb an.
- *Alles, was zur Parteinahme zwingt.* Und das sind nicht nur politische Parteien. Jedes radikale Bekenntnis wirkt beim Smalltalk wie ein Seelenstrip: Da stellt sich einer nackt hin und die anderen können gar nicht anders, als dazu Stellung zu beziehen. Mag ja sein, dass Sie gerne für etwas oder jemand eine Lanze brechen wollen. Aber beim Smalltalk haben Lanzen nichts zu suchen.

»Wissen Sie, ich habe seit ich denken kann eine Katze. Und Leute, die keine Katzen mögen, sind mir suspekt.«
»Warum?«
»Weil Katzen ... also das ist eine Philosophie.«
»Inwiefern?«
»Mein Gott, da müssen Sie nur mal einer Katze zuschauen. Kennen Sie nicht die Katzengeschichten von Doris Lessing?«
»Nein.«
»Was, die kennen Sie nicht? Tja, wenn Sie nie eine Katze gehabt haben. Ich finde, jeder Mensch muss einfach mal mit einer Katze gelebt haben.«

Ob es um Haustiere oder um Musik, ums Essen oder ums Reisen, um Lebensstil oder um Fragen der Gerechtigkeit, der Erziehung oder Bestrafung geht: Über Meinungen lässt sich trefflich streiten. Aber erstens ist der Smalltalk dafür zu small und zweitens geht es ohnehin nur, wenn die Meinungen auch als solche geäußert werden und nicht als unumstößliche Einsichten. Das unter-

scheidet zum Beispiel Wagnerliebhaber und Wagnerianer.
Gesteht jemand, mit Wagner nicht allzu viel anfangen zu können, sagt der Liebhaber: »Schade, aber vielleicht hat Ihnen einfach noch niemand den Zugang eröffnet. Oder Sie haben ausgerechnet das gehört, was zum Einstieg nicht so geeignet ist. Was kennen Sie denn?« Von einem Wagnerianer hingegen wird der Zweifler abgefertigt: »Verstehen Sie: Mit Wagner ist das so. Entweder man hat's oder man hat's nicht.«

Smalltalk will unterhalten. Und was wir alle, ob wir es zugeben oder nicht, von guter Unterhaltung erwarten, ist ein gewisser Kitzel. Zum Thrill – der ist ja schon wieder groß – darf er nicht werden, aber er soll jenes Prickeln ins Gespräch bringen, das auch Champagner so anregend macht. Und prickelnd ist immer das, was nicht in Schlagzeilen, Klassikern oder öffentlichen Bekanntmachungen zu lesen ist, was nicht jeder über Fernsehen, Rundfunk oder Internet erfahren kann. Sondern das, was sich dahinter verbirgt, daneben abspielt. Geeignet sind also Themen, wo es um das nicht Offizielle, nicht Offensichtliche, nicht offen Verlautbarte geht.
- *Hintergrundinformationen.* Dass beim Smalltalk keine Informationen ausgetauscht werden sollen, ist ein Gerücht der Ahnungslosen. Es müssen allerdings geeignete sein. Also solche, die verblüffend sind, aber nicht an Grundsatzfragen rühren. Der neueste Bericht von Amnesty International darüber, wie viele Delinquenten in Huntsville/Texas jährlich hingerichtet werden, ist wichtig, aber für den Smalltalk so geeignet wie Verdis Requiem für eine Hochzeitsfeier. Wenn Sie jedoch gerade gelesen haben, wie viele Top-Manager Legastheniker sind, gibt das

Gesprächsstoff her. Smalltalkkönner lesen immer das Vermischte und Kleingedruckte in der Zeitung. Da findet sich erstklassiges Material.
- *Geheimtipps.* Keiner hat davon jemals genug: von Ejzes – nützlichen Ratschlägen, die den Alltag erleichtern und verschönern. Praktische Psychologen wissen, dass die Menschen – auch die reichsten – nichts mehr beglückt, als wenn sie unerwartet etwas geschenkt bekommen – etwas Brauchbares. Zufrieden verlassen selbst gut verdienende Menschen noch so fade Werbeveranstaltungen über Parfum, Wein, Hautcremes, wenn sie eine Flasche Parfum oder Wein oder einen Topf Hautcreme mit nach Hause nehmen dürfen. Also geben Sie eine Gratisgabe her. Verraten Sie die Adresse Ihres neuen Lieblingslokals oder einer sensationellen Kosmetikerin, erzählen Sie den Trick, wie man wo um unnötige Wartezeiten herumkommt und welche Telefonauskunft viel billiger ist. Oder welche chemische Reinigung wirklich gut ist (die sucht fast jeder).
- *Geständnisse.* Verraten Sie, was Ihnen gerade erst passiert ist. Erzählen Sie von dem unfreiwilligen Slapstick im Badezimmer, von den fiebrigen Bemühungen, die leicht angebrannt schmeckende Suppe mit Sahne zu retten, während drin die Gäste mit knurrendem Magen warteten, von dem wildfremden Koffer, den Sie am Flughafen vom Band genommen hatten, weil er aussah wie Ihrer, aber im Gegensatz zu diesem ein halbes Schmuckschaufenster enthielt.
- *Warnungen.* Nein, Sie sollen nicht vor Genusssucht, zu viel Sex oder den Versuchungen des Internet warnen. Dagegen ganz konkret: vor dem neuen Starenkasten an dieser allseits bekannten Kreuzung, vor dem Ärger, den man bekommt, wenn man von einem Stromanbieter zu

einem anderen wechselt, vor einem Lokal, das, seit es umgezogen ist, die Einrichtungskosten am Gast einspart, vor dem Special-Offer-Laserdrucker, der nichts taugt, vor diesem Szenehotel auf Mallorca, vor einem Film, der als Komödie verkauft wird und die scheußlichsten Abschlachtereien zeigt. Vor dieser im ganzen Land vertretenen Großbäckerei, die für Hungerlöhne ihre Brötchen und Brezeln in Rumänien vorbacken lässt, dann in Lastern hierher karrt und teuer als ofenfrisch verkauft. Jeder freut sich, vor einem Reinfall bewahrt worden zu sein. Und wenn er sich mit einer Gegenwarnung revanchiert, ist der Smalltalk bereits im Gang.

Das Gemeinsame dieser Themen: Sie lassen sich ohne Problem in die Länge ziehen, aber auch jederzeit elegant abbrechen, ohne dass das zynisch wirken könnte. Weil es ja nicht um die allzu großen Probleme der Menschheit geht, sondern um Menschliches und Allzumenschliches. Ein erfahrener Smalltalker weiß, dass die schönsten Theorien über die klügsten Themen beim Smalltalk so beliebt sind wie Diaabende mit Landschaftsaufnahmen des Gastgebers. Das Einzige, was Außenstehende an familiärer Fotoproduktion interessiert, sind Leute. Menschen interessieren sich nun mal für Menschen. Der erfolgreichste Beleg dafür ist die zeitlose und in jeder Hinsicht grenzenlose Beliebtheit von Klatsch. Smalltalkthemen dürfen menscheln. Sie dürfen jenen Duft haben, in dem wir uns geborgen fühlen. Und der nur dann unangenehm in die Nase steigt, wenn er mit Häme vergällt wird. Oder zu üppig aufgetragen wird.

Fein, aber oft fad. Kunst und Kultur beim Smalltalk

»Kunst ist schön, macht aber viel Arbeit«, hat Karl Valentin gesagt.

Das gilt in Kunst und Kultur nicht nur für die Ausübenden, sondern auch fürs Publikum. Menschen, die keine Gelegenheit für Vorträge und andere öffentliche Auftritte haben, rächen sich gern bei Vorträgen anderer Leute, wenn es heißt, ob noch jemand eine Frage habe, indem sie infame kleine Zettel aus der Brusttasche ziehen und vorlesen, was sie loswerden wollten. Oder aber sie lassen ihre Smalltalkpartner die mangelnde Beachtung spüren. Was sie von sich geben, ist nicht für den Dialog gedacht, es läuft unter dem Stichwort »Zwangsvortrag«. Um den zu unterbrechen, hilft nur eins: eine nicht ganz, aber doch halbwegs naive Frage zu stellen. Um diesen Fuß in die Tür zu kriegen, sind auch etwas rabiatere Methoden, also ins Wort fallen, erlaubt – im Dienst der Allgemeinheit. Ist der Vortragende erst mal aus dem Konzept, wird es gleich viel netter.

Besonders mühsam wird Kultur, wenn man an Kulturprofis gerät, die einfach alles kennen, was sich »angesagt« nennt. Weil beim Smalltalk die Zeit drängt, verwandeln sie sich dann in Geschütze, die ihre verbale Munition ohne Pause auf die Opfer niedergehen lassen. Ist jemand über den ultimativen Film, die ungeheure Installation, diese sensationelle Inszenierung oder Performance nicht unterrichtet, haben sie auf einmal Zeit – Zeit für Empörung. »Was? Sie wollen doch nicht allen Ernstes behaupten, Sie hätten davon nichts gehört? Das muss man doch einfach mitgekriegt haben. Dort nicht gewesen zu sein – das ist ein Versäumnis erster Güte.«

Hier besteht die beste Gegenwehr darin, sich nach dem Vorbild der Tiere auf den Rücken zu werfen und die Kehle anzubieten.«»Da habe ich wohl jede Menge Bildungslücken. Aber vielleicht können Sie mir ja helfen die zu stopfen. Was ist denn an diesem Film so wichtig?«

Beim Smalltalk ist das Inzestuöse vieler Kulturbeflissener ein großes Hindernis: Sie wollen nur untereinander und miteinander, obwohl ihnen das eigentlich wenig Lust beschert. Aber so vermehren sie sich.

»Kultur«, hat die kluge Simone Weil gelästert, »ist ein Instrument, das Professoren zur Erzeugung von Professoren benötigen, die damit ihrerseits wieder Professoren hervorbringen.«

Dabei sollte man sie nicht stören. Und wenn sie durch die Fügung des Schicksals zum Smalltalkpartner werden, dann hilft nur eins: bei jedem Fremdwort, also bei so gut wie jedem Wort, mit freundlicher Unwissenheit zu fragen, was das denn bedeute. Auch wenn man es weiß. Denn so daherzureden, dass möglichst wenige möglichst wenig davon verstehen, ist ein Verstoß gegen die Grundregeln des Smalltalks. Und da ist Sabotage nicht nur gestattet, sie ist geboten.

Fragt sich nur: Wann und wie ist Kultur dann überhaupt als Thema für ein Kurzgespräch geeignet?

- Wenn sie der Unterhaltung dient, nicht etwa der Belehrung. Horaz hat zwar behauptet, die drei Aufgaben der Kultur seien »docere, delectare, movere«, also belehren, erfreuen und bewegen, aber beim Smalltalk sollte man sich auf die beiden letzteren Funktionen beschränken.
- Wenn man sich gemeinsam über Kritiker amüsieren kann, die eine Veranstaltung so beschreiben, dass jeder Besucher meint, er sei woanders gewesen. Oder ein Buch so rezensieren, dass keiner es wieder erkennt.
- Wenn es um Geheimtipps geht – den neu entdeckten Pianisten, für dessen Konzert es jetzt noch Karten gibt,

diese sensationelle Clownstruppe aus Kiew, die nur drei Tage lang auftritt, den Kultfilmer aus den USA, dessen Filme nur im Museum laufen.
- Wenn es sich um kulturelle Phänomene handelt, bei denen jeder mitreden kann. Warum es Harry Potter zum Jahrhundertbestseller geschafft hat, warum Donna Leons Kriminalromane zwar in Italien spielen, aber nicht ins Italienische übersetzt werden, warum Claudia Schiffer einfach keine Filmschauspielerin wird, warum Bobby McFerrin oder Cees Nooteboom erst so spät den Durchbruch schafften, was an der jüngsten Oscar-Verleihung empörend war.
- Wenn es um Genusskultur geht. Kochkunst heißt nicht zufällig so, und dass Weinkultur diese Bezeichnung verdient, bestreiten nicht einmal Antialkoholiker. Auch Feuerwerke können Kunstwerke, also Kulturgut sein. Und die vom Aussterben bedrohte Kultur des Gastgebens ist ohnehin ein Thema.
- Wenn es um Persönlichkeiten in der Kulturszene geht, die Stellungnahmen geradezu provozieren und erstklassiges Material zum Kulturklatsch liefern.
- Wenn jemand das Anliegen hat, für unbekannte junge Künstler, kulturelle Wohltätigkeitsveranstaltungen oder Außenseiterkultur etwas zu tun. Denn Smalltalk in diesem Sinn als Werbefläche zu nutzen, ist kein Zeichen von Egoismus, nur von sehr sympathischem Pragmatismus.

Alles, was andere ausgrenzt, weil es Spezialwissen erfordert, ist für den Smalltalk ungeeignet. Denn der muss sich bestreiten lassen mit einer halbwegs fundierten Allgemeinbildung.

Leider verschätzen sich die meisten Menschen darin, ob

sie über die verfügen oder nicht. Eine Umfrage der Zeitschrift ›Stern‹ hat ergeben, dass zwar 77 Prozent der Deutschen sich einbilden, eine gute Allgemeinbildung zu besitzen, aber nur 26 Prozent wissen, wer der erste Präsident der USA gewesen ist.

Generell sind Namen wichtiger als Jahreszahlen – ein gutes Zeitgerüst ist allerdings sehr hilfreich. Denn dann passiert einem nicht der peinliche Fehler jenes renommierten deutschen Feuilletonisten, der von der ›Neuen Zürcher‹ abschrieb, ohne zu merken, dass es eine Faschingsausgabe war (die erst nach dem deutschen Aschermittwoch erscheint). So ließ er Goethe in der Eisenbahn an Schrebergärten vorbeifahren.

Es bringt etwas, zu wissen, dass zu der Zeit, als Karl I. zum Kaiser gekrönt wurde, Mönche die Edelrose nach Mitteleuropa brachten, der frisch gebackene Karl der Große die Prostitution verbot, weil sie so hemmungslos die Städte eroberte, und Korea auf dem Höhepunkt seiner kulturellen Entwicklung stand. Dass in demselben Jahr, in dem der so genannte Sturm auf die Bastille stattfand (sie wurde nie gestürmt) George Washington zum ersten Präsidenten der Vereinigten Staaten wurde und Goethes Bettschatz Christiane Vulpius dem Dichter den unehelichen Sohn August gebar. Dass 1945 nicht nur Hitler Selbstmord beging, Mussolini und seine Geliebte Clara Petacci erschossen und an Laternenpfählen aufgehängt wurden, sondern dass der amerikanische Comic-Markt boomte (seit 1943 über eine Milliarde Hefte verkauft) und in München die ›Süddeutsche Zeitung‹ entstand.

Ein paar Zahlen allerdings sollten Sie unter allen Umständen kennen, auch wenn sie niemals im Smalltalk vorkommen sollten
- wie viele Juden im Dritten Reich ermordet wurden

- wann die beiden Weltkriege begonnen und beendet wurden
- wie viele Menschen derzeit unseren Planeten bevölkern
- wie viele Menschen bei der letzten großen Katastrophe – ob das ein Erdbeben war oder eine Überschwemmung – umgekommen sind (das relativiert manche hoch gespielten Sensationen aus den Klatschspalten mit einem Satz).

Delikat bis pikant. Das Spezialwissen im Smalltalk

Spezialbildung macht nur dann Sinn für den Smalltalk, wenn sie einen hohen Unterhaltungswert besitzt. Prägen Sie sich also ganz bewusst ein, wenn Ihnen eine Nachricht unterkommt, die sich als Smalltalkbonbon eignet. Und prüfen Sie vorher, ob es auch bestimmt keinen bitteren oder scharfen Beigeschmack gibt. Groteske bis unappetitliche Meldungen über Vielfraße aus dem ›Guinness Buch der Rekorde‹ sind smalltalkungeeignet. Und auch die Tatsache, dass es schon 2500 vor Christus Abführmittel gab oder die ersten Beruhigungsmittel aus Äpfeln und menschlichem Urin hergestellt wurden, wirken nicht appetitanregend. Und appetitlich muss ein Smalltalk auch dann sein, wenn es nichts zum Essen gibt und er in einem nicht eben sterilen öffentlichen Verkehrsmittel stattfindet. Delikatere Details liefern manche Kulturgeschichten, zum Beispiel über
- *Unterwäsche.* Oder wussten Sie, dass schon die Minoerinnen 2500 vor Christus einen BH trugen, der ihre nackten Brüste dekorativ ins Dekolleté hob, und dass

den ersten modernen Büstenhalter im Jahr 1913 eine reiche amerikanische Gesellschaftsdame namens Mary Phelps erfand und selber bastelte, weil sich unter ihrem halb durchsichtigen Abendkleid das Fischbeinmieder so hässlich abdrückte?
- *Süsses.* Wussten Sie, dass die italienischen Eisverkäufer auf Londons Straßen um 1870 ganz üblich waren und Hokey-pokey genannt wurden, weil sie immer »Ecco un poco« – »Hier gibt's ein bisschen« schrien? Dass aber den Chinesen – wie so vieles – die Entdeckung von Speiseeis zu verdanken ist? Die Reichen genossen dort schon vor 4000 Jahren zuerst gewürzten süßen Milchreisbrei, dann Fruchtsorbets, die mit Schnee von den Bergen in Höhlenkellern gekühlt wurden.
- *Fast und Junk Food.* Wussten Sie, dass sich die Kartoffelchips ein Indianer ausgedacht hat, der Koch im teuren Ferienhotel Saratoga Springs, New York, war? Als im Jahr 1853 ein Gast reklamierte, die Pommes frites seien ihm zu dick (das Rezept dafür hatte Präsident Thomas Jefferson von seinem langjährigen Aufenthalt in Paris mitgebracht und eifrig verbreitet), schnitt dieser Koch namens Crum die Kartoffeln fein und frittierte sie knusprig. Oder wussten Sie, dass der Hamburger bereits den Tataren im Mittelalter vertraut war? Sie zerhäckselten das minderwertige zähe Fleisch der asiatischen Rinder, das schwer an den Mann zu bringen war, und kneteten Fleischküchlein daraus. Im 14. Jahrhundert brachten sie die Idee nach Deutschland, und weil sie von dort in die Welt hinausging, wurden die Buletten nach der Stadt Hamburg benannt. Mit ham = Schinken hatte das nichts zu tun.
- *Die eigentlich wichtigen Erfindungen.* Wussten Sie, dass die Spülmaschine aus Hausfrauennot von der Politikergattin

Josephine Cochrane aus Illinois erfunden wurde – nicht etwa, weil sie selbst den riesigen Abwasch nach großen Gästebewirtungen zu mühsam fand, nein: weil ihre zahlreichen Domestiken zu viel vom teuren Geschirr zerdepperten. Oder wussten Sie, dass das erste kommerziell verpackte Toilettenpapier im Jahr 1857 ein ziemlicher Flop war? Kein Amerikaner kapierte, warum er für unbedrucktes Papier Geld ausgeben sollte, wo doch jeder stapelweise altes Zeitungs- und Katalogpapier zur Verfügung hatte.

Es sind immer die menschlichen Aspekte von Kultur, vor allem von Alltagskultur, die auf jenes wache Interesse stoßen, das den Smalltalk belebt. Gönnen Sie sich also den Luxus, in Kulturgeschichten zu versinken, die große Historie von der Kehrseite aus betrachten.

Die grandiose ›Geschichte des privaten Lebens‹ von Philippe Ariès ist zugegeben etwas gewichtig: Aber ›Der Mythos vom Zivilisationsprozess‹, dem sich Hans Peter Duerr in einer noch nicht beendeten Buchreihe gewidmet hat, ist bei aller Substanz herrlich amüsante und brisante Lektüre. Und Stoff für Tausende von Smalltalks.

Und wenn Sie gerne Biografien lesen: Konzentrieren Sie Ihr Interesse nicht auf die historisch bedeutsamen Fakten, beachten Sie die Nebenwege und Seitensprünge des vermeintlich erhabenen Helden. Nur wer ihn vom Podest holt, kann ihm nahe kommen. Das hat nichts mit Herabwürdigung zu tun, sondern damit, eine ferne Gestalt erreichbar und verstehbar zu machen.

Sonntags- oder Alltagskultur, Hochkultur oder Niedrigkultur: Ob sie amüsiert oder langweilt, ist immer auch eine Frage der Ausdrucksweise. Kommt sie daher im besserwisserischen Stil mancher Feuilletonisten, ist klar: Das Ganze begeistert nur den Autor selber. Kulturelle Information nicht flapsig, aber locker darzubieten ist eine Kunst, die Übung braucht – und einen sehr souveränen Umgang mit Wissen.

Wer diese Kunst beherrscht, betrachtet hohe und weihevolle Themen aus der Warte des fehlerhaften Menschen, nicht des unfehlbaren Theoretikers. Und erheitert im Smalltalk beim Thema »Sommelier« damit, dass er von Ganymed als Mundschenk des olympischen Vorstandsvorsitzenden Zeus und dessen schwuler Altersliebe redet – was voll den mythologischen Tatsachen entspricht.

- Je älter und entfernter der kulturelle Gegenstand ist, über den Sie reden, desto aktueller sollte Ihre Sprache sein.
- Entschlüsseln Sie Verwandtschaftsverhältnisse – das macht Familiendramen gegenwärtig. Wenn Sie über uneheliche Kinder (Artemis und Apollon), hauptberufliche Ehebrecher (Aphrodite und Zeus), inzestuöse Verhältnisse (Ödipus und Iokaste), von künstlicher Befruchtung (Danae) und Sodomie (Pasiphae, Frau des Minos, bzw. Leda, die von Zeus in Schwanengestalt geschwängert wurde) sprechen, merkt sich jeder, was Sie erzählen.
- Vergessen Sie zu viel Respekt. Shakespeare war schließlich ursprünglich auch fürs breite Volk gedacht und die eingestreuten Witze und improvisierten Gags wohl eher deftig. Bianca, Cassios Freundin in ›Othello‹, ist nun mal ebenso ein ausgedientes Freudenmädchen wie die tränenreiche, Jesus anhimmelnde Maria Magdalena.
- Vergleichen Sie das Hohe mit dem Niedrigen, das Göttliche mit dem Menschlichen, das Unsterbliche mit dem Sterblichen, das Außergewöhnliche mit dem Gewöhnlichen. Keine falsche Scheu dabei: Das Image und Ausse-

hen von Göttern haben sich schließlich von jeher die Menschen erdacht. Und nirgendwo menschelt es mehr als im Olymp der Griechen.
- Schmökern Sie in Lexika von überlegener Lässigkeit wie den ›Who's who‹-Bänden zu Shakespeare und Goethe, zur Bibel und zur antiken Mythologie, zu Märchen und zur Oper.

Anspielungen zu machen, wirkt immer souverän. Aber dazu braucht es eben Spielmaterial. Angenehm spielerisch lernen lässt sich da auch manches über Bildungsrätselbücher wie ›Tratschke fragt‹. Denn auch dort geht es um die Kultur, die für den Smalltalker Wert besitzt – Unterhaltungswert.

Heiß bis brandgefährlich. Der Klatsch beim Smalltalk

Also wenn Information erlaubt ist, sagt sich der wache Leser, dann ist Klatsch es auch. Denn er liefert höchst begehrte Information – die billigste Form der Überlegenheit durch Wissen. Doch Klatsch ist ein so heißes Smalltalk-Thema, dass es oft nicht richtig angepackt wird.

»So etwas lese ich nicht«, behaupten die meisten Leute, wenn es um Klatschkolumnen geht. Die Auflagen einschlägiger Magazine überführen sie der Lüge, aber das ist nicht peinlich, es ist ebenso menschlich wie natürlich. Nach wie vor gilt die Definition des Klatsches von Joseph Conrad: »Was jeder öffentlich verabscheut und insgeheim genießt.«

Was Klatsch so genüsslich macht?

Seine Perspektive. Klatschen ist, wie durchs Schlüsselloch schauen. Etwas weiterzugeben, was dafür nicht gedacht ist, erfüllt uns mit lustvollem Prickeln und keineswegs mit schlechtem Gewissen. Wer durchs Schlüsselloch pliert und sieht, wie es andere da drin treiben, erlebt eine Erregung aus zweiter Hand. Und wer klatscht, erlebt dasselbe. Anstatt selber zu sündigen, lässt er das andere tun. Die haben vielleicht noch mehr Spaß, aber dafür auch ein großes Risiko. Dass vor allem Menschen, die im Licht der Öffentlichkeit stehen, Opfer des Klatsches werden, findet kaum einer bedenklich. Das ist schließlich nichts anderes als die Steuer für ihre Popularität. Und diese Steuer können sie nicht hinterziehen, indem sie Monaco als Erstwohnsitz angeben.

Monaco selbst führt übrigens bestens vor, dass Klatsch auch eine Möglichkeit ist, einen gewissen Neid zu kanalisieren. Und richtig formuliert, hat selbst der Neid dann viel Unterhaltungswert. Außerdem ist die Kenntnis intimer Details immer auch ein Herrschaftswissen – es verleiht dem, der darüber verfügt, einige Macht. Deswegen werden Klatschjournalisten von jeher umbuhlt. Das war schon im Italien der Renaissance so: Mit nichts als Klatschjournalismus, den er eigentlich erfunden hatte, wurde Pietro Aretino zum meist umworbenen Mann seiner Zeit. Und je mehr ihn die, deren Intimgeheimnisse er ausplauderte, hassten, desto heftiger bemühten sich alle anderen um ihn. Und auch Aretino wusste, dass er sich vor allem an die hohen Adligen und an die geistlichen Würdenträger halten musste, deren Privatleben das ganze Volk brennend interessierte. Seine Fans nannten ihn »den Göttlichen«, seine Opfer aber »Hurensohn«, »Ketzer« oder »Geißel der Fürsten«. Nicht nur durch seine, wohlgemerkt brillant geschriebenen Satiren – Schlüsselgeschichten mit beigelegtem Schlüssel –, auch durch seine Live-Auftritte wurde er zum Star der Gesellschaft. Pietro Aretino war der König des

Smalltalks an den Höfen, denn er formulierte witzig und geistreich. Und hatte einen untrüglichen Spürsinn für die sexuellen Eskapaden der Berühmtheiten, besonders der geistlichen. Frivolitäten waren damals schon die Luxushäppchen des Smalltalks. Aber Pietro Aretino führte leider auch vor, was geschieht, wenn einer aus dem Klatschen ein Spiel ohne Schamgrenzen macht. Es war sprachlich niveauvoll und oft sogar verdienstvoll, was Aretino da in Umlauf brachte, denn mancher korrupte Regent, mancher schwer kriminelle Kardinal, mancher Bonze, der sich auf Kosten der Armen bereicherte, wurde so entlarvt. Aber Aretino machte aus dem risikofreien Klatschen ein lebensgefährliches Unterfangen, denn er enthüllte nicht nur Machenschaften, er stellte Menschen bloß. Nicht, dass die unbedingt Mitleid verdient hätten, aber aus dem Spiel wurde Ernst. Nur um Haaresbreite entging Aretino dem Mordanschlag eines Bischofs, dessen Ruf durch sein Zutun ein für alle Mal ruiniert war. Aretino überschritt in vollem Bewusstsein die Grenze zwischen Klatsch und Rufmord, Gerücht und Verleumdung. Auch wenn er letztlich ehrenwerte Ziele verfolgte: Er verriet damit den Klatsch als ein Unterhaltungsmedium. Klatsch darf nicht zur Waffe werden – vor allem nicht im Smalltalk.

Es gibt nun einmal deutlich gezogene Schamgrenzen zwischen Klatsch und Verleumdung, zwischen Unterhaltung und Gerüchtepolitik, zwischen Lust am Ausplaudern und Skandalsucht. Jeden Tag ein bisschen mehr: Wer süchtig ist, braucht täglich eine höhere Dosis. Und offenbar leiden mittlerweile viele Menschen an Skandalsucht. Mit ›Big Brother‹ wurde eine neue Dimension der Indiskretion eröffnet. Und es ist fast eingetroffen, was André Heller weise vor zwanzig Jahren prophezeite: »Wir werden es noch erleben, dass ein Mann seine nackte Frau vor laufenden Kameras über die Bühne peitscht, nur damit sie ins Fernsehen kommen.« Talkmaster wie Harald Schmidt führen vor, dass es Quote bringt, eine Frau ihrer lesbischen Neigungen wegen zu verspotten und mit einer Kloschüssel zu vergleichen. Und wir alle haben es längst vom Fernsehen gelernt: Ein Gag, eine Pointe, ein Treffer sind Gold wert. Es lohnt sich also, dafür Schweigepflicht, Diskretionsversprechen und Anstand zu vergessen und einfach auszuplaudern, was streng vertraulich ist.

Die Hemmung, zu klatschen und Gerüchte zu verbreiten, wenn es Lacher, Popularität, also Quote bringt, ist bei vielen Menschen auch im privaten Leben sehr schnell überwunden. Denn wenn die Abfolge der Reize – also auch der Hits, Peaks und Gags – immer schneller wird, geht manchen das Material aus. Da bedient man sich eben in der Kiste, auf der »Tabu« steht. Neu ist die Haltlosigkeit beim Klatschen, die Lust daran aber nicht.

Seit wann es Klatsch gibt?

Klatsch ist wohl nicht so alt wie die Menschheit. Aber sicher so alt wie die Gesellschaft. Denn er erfüllt das urmenschliche Bedürfnis nach Enthüllungen, jenen Offenbarungen des alltäglichen Lebens. Ob sie es eingestehen oder nicht: Klatsch ist nun einmal für viele Menschen unwiderstehlich, nicht nur für solche weiblichen Geschlechts. »Vor einem gerechten Urteil«, hat der große Psychoanalytiker Alexander Mitscherlich geschrieben, »erweisen sich Mann und Frau gleichermaßen hinfällig vor den Verlockungen des Klatsches.« Dass denen nachzugeben kein Verbrechen ist, belegt bereits der Titel von Mitscherlichs Schrift: ›Kurze Apologie des Klatsches‹.

Es verwundert also nicht, dass der größte Virtuose des Smalltalks, Oscar Wilde, den Klatsch freigesprochen hat von der Salonunfähigkeit. »Klatsch«, hat er das Metier verteidigt, »ist bezaubernd. Geschichte ist doch auch nur Klatsch.«

Wie Recht er hat, beweisen die höchst unterschiedlichen Auflagen historischer Bücher. Geht es um gewonnene und verlorene Kriege, Verträge und Kongresse, dann genießt Geschichte ein so eingeschränktes Interesse wie in der Schule. Geht es aber um Mätressen, Intrigen, Weiber- und Männerlist, Bettgeschichten, hygienische Details, Orgien, Exzesse, Verrat und Voyeurismus, dann erfreut sich Geschichte der Beliebtheit von Klatschspalten.

Eine Frage, die sich Klatschkolumnisten selten stellen, gute Smalltalker aber ständig, ist die: Wie weit darf ich gehen? Wo hört das Spiel auf und fängt der Ernst an? Wann wird aus dem lustvollen Zerpflücken ein unappetitliches Zerlegen oder sogar Zerfleischen?

Englands Gesellschaftsexperten haben von jeher das richtige Verhältnis zum Thema Klatsch gehabt. Also ein ebenso inniges wie resignatives: sich gegen Klatsch zu wehren ist lächerliche Kraftverschwendung.

»Sie müssen mich jetzt entschuldigen«, sagt in Richard Brinsley Sheridans Komödie ›Die Lästerschule‹ ein Gast beim Aufbruch zu den feinen Damen und Herren, die noch bleiben. »Aber ich lasse Ihnen ja meinen Charakter hier.«

Die weise Einsicht, dass sie selbst vom Täter zum Opfer werden, kaum dass sich die Tür hinter ihnen geschlossen hat, lassen viele in ihrer Klatschfreude vermissen. Dabei ist sie nicht sarkastisch, sondern praktisch – sie schützt vor Enttäuschungen. Wenn Sie sich göttlich darüber amüsieren, was ein Bekannter über einen anderen gemeinsamen Bekannten zum Besten gibt, kaum hat der den Saal verlassen, halten Sie kurz inne. Und machen sich klar, dass derjenige über Sie genauso herziehen wird.

Und niemand kann ihm böse sein, denn Klatsch macht den, der ihn erzählt, zum amüsanten Unterhalter. Und auch nicht unsympathisch, wenn er sozusagen die geheimen Wünsche der anderen erfüllt. Wenn er den Nachweis liefert für das, was sie ohnehin glauben und gern wahr hätten.

Unsympathisch werden Klatschverteiler dann, wenn sie sich wie Polizisten in Zivil benehmen. Wenn sie den Klatsch nicht schaumig und locker pur servieren, sondern mit der dicken Sauce ihrer gestrengen sittlichen Bewertung.

»Ein Skandal ist Klatsch, der durch Moral langweilig gemacht wurde«, warnte schon Smalltalk-Professor Wilde. Also überlassen Smalltalker es den Medien, nette Klatschgeschichten zu großen Skandalen aufzublähen. Einfach ist der richtige Umgang mit dem heißen Zeug dennoch nicht. Der Smalltalk auf größeren Gesellschaften birgt nämlich, was den Klatsch angeht, einen großen Vorteil und eine große Gefahr. Vorteilhaft ist die vorgegebene Situation, die es ermöglicht, mal hier, mal dort einen Happen Klatsch aufzuklauben oder loszuwerden, so dass das Ganze etwas Unernstes und Spielerisches behält. Gefährlich ist die Versuchung, angesichts so vieler Transporteure nicht nur munter eine kleine Klatschgeschichte zu erzählen, sondern gezielt Gerüchte zu lancieren. Und von dort ist es dann oft nur ein kleiner Schritt zu Rufmord und Verleumdung. Es soll aber keiner behaupten, er sei einfach reingerutscht in diesen stinkenden Schlamm: Jeder Mensch riecht, wo die üppig blühenden feuchten Wiesen des Klatschs enden und der Morast der Gerüchte beginnt.

- Schärfen Sie Ihr Gefühl für das wirklich Brisante. Es ist meistens eine Ausrede, wenn jemand im Nachhinein behauptet: »Ich hab gar nicht gewusst, dass dir das so wichtig ist.« Plaudern Sie keine Neuigkeiten aus, die enge Freunde Ihnen anvertraut haben – mit dem Hinweis, das unbedingt diskret zu behandeln. Solche Smalltalk-Gags können Sie teuer zu stehen kommen, denn meistens wird irgendwann die Stelle entdeckt, wo es geleckt hat. Und selbst für den besten Smalltalk-Klatsch ist Freundschaft ein zu hoher Preis.

- Wenn Sie auf Nummer Sicher gehen wollen, lassen Sie den Klatsch beiseite, der in irgendeiner Hinsicht mit noch anwesenden Personen oder deren Kreis zu tun haben könnte. Wozu gibt es Topstars in Film, Fernsehen, Sport und Königshäusern? Und wozu gibt es Politiker?
- Geben Sie keinen Klatsch weiter, der wirklich bösartig und verletzend ist. Und keinen, der mit Krankheiten zu tun hat. Ob jemand angegriffen ausschaut, weil er HIV-positiv ist oder eine Krebsoperation hinter sich hat – das hat beim Klatsch so wenig etwas zu suchen wie Mutmaßungen über Todesursachen.
- Die Kunst beim Klatsch ist, keine Quellenangaben zu machen. »Alle behaupten zurzeit ...«, heißt es da, oder »man sagt« – das berühmte französische »on dit«. Meister des Klatsches geben ihrer Nachricht dadurch mehr Glaubwürdigkeit, dass sie einen seriösen Kronzeugen angeben. »Der Deutschlehrer meiner Kinder« oder »mein ehemaliger Professor« oder »der Pfarrer, der unsere Kleinste getauft hat«. Nennen Sie niemals Namen, denn das macht den Klatsch zum Bumerang.

Klatsch ist dann gut, wenn er menschenfreundlich klingt. Neugierig, nicht sensationsgierig. »Was ist Klatsch anderes«, hat Christian Morgenstern gesagt, »als Unterhaltung von Polizisten ohne Exekutivgewalt.«

Offenbar hat er nie guten Klatsch gehört. Der klingt eher wie die Unterhaltung von Leuten, die sich freuen, die Polizei ausgetrickst zu haben.

Scharf, heikel und pikant. Der Sex im Smalltalk

Sex ist der meistgesuchte Begriff im Internet. Ob Männer alle fünf oder fünfzig Minuten daran denken und Frauen weniger oft oder es nur nicht zugeben, ist nebensächlich. Hauptsache, wir gestehen uns selber ein, dass das Thema Sex uns umtreibt und beschäftigt. Also wäre es höchst verkrampft, ausgerechnet dieses Thema runterzuwürgen, wenn's einem auf der Zunge liegt. Sex im Smalltalk ist wie Pfeffer im Essen: Er muss feinfühlig dosiert werden, dann gibt er die richtige interessante Schärfe. Und er sollte wie der Pfeffer frisch aus der Mühle kommen, nicht aus abgestandenen Anzüglichkeiten und abgegriffenen Witzen bestehen.

Wie viel Pfeffer ein Mensch verträgt, ist individuell verschieden. Zu viel war es in jedem Fall, wenn der Smalltalkpartner hüstelt oder schluckt, rot wird oder stumm.

Wie es ankommt, wenn Sie über Sex reden, hängt ab von der Wahl der Worte. Und wenn Sie von Smalltalk etwas verstehen, dann greifen Sie nicht zu Wörtern, die nur zu Ballermännern passen. »Faire l'amour«, wie die Franzosen es nennen – »Liebe machen« – klingt niemals vulgär. Und der wahre Künstler schafft es, über Sex zu reden, ohne diese Vokabel ein einziges Mal zu verwenden. In den USA gilt das Thema Sex keineswegs als Tabu, vielmehr als idealer Gesprächsstoff – wenn die Beteiligten mit dem Stoff umgehen können. Ausländische Gäste wurden während der Clinton-Affäre von ihren Gastgebern instruiert: »Selbstverständlich dürfen Sie über Clinton reden. Aber auf keinen Fall über seine politischen, nur seine außerehelichen Aktivitäten. Und über die bitte auch nur, ohne zu mutmaßen, was sie an politischen Folgen zeitigen.«

Wenn das Gespräch auf Sex kommt – das ist das Schöne daran –, kann jeder mitreden, der die aktive Grundausbildung und Basislektüre hinter sich gebracht hat. Erotische Romane, auch wenn die heute meist erst der Verfilmung wegen zum Gesprächsstoff werden, waren von jeher ein Thema, mit dem sich kurze Gespräche meisterhaft gestalten lassen. Denn sie sind pikant, kitzeln die Neugier wach, beflügeln die Fantasie und langweilen kaum je einen. Vor allem sorgen Sie nicht für Zwistigkeiten, was sich von politischen Diskussionen, und dauerten sie nur Minuten, nicht behaupten lässt.

Im Gegenteil: Sie werden erstaunt feststellen, wie großzügig selbst ansonsten konservative Menschen sich zeigen, wenn es um sexuelle Abenteuer geht.

Dass eine Ministerin irgendwann in ihrer Jugend als Bedienung in einem Nachtlokal gearbeitet haben soll, empört keinen vernünftigen Menschen. Selbst wenn dem so wäre, meinen die meisten achselzuckend, beweist das nur, dass sie ihr Geld selbst verdient hat, gut aussah und vor dem Leben keine Angst hatte. Sollten Sie den Smalltalk mit der Nonne führen, die neben Ihnen im Zug sitzt, ist allerdings Vorsicht – und Nachsicht – geboten.

Wollen Sie so über Sex reden, dass man Ihre Geschichten delikat findet und Sie amüsant, dann

- lesen Sie große erotische Romane und Erzählungen. Wenn Sie sich nicht trauen, nach Clelands ›Die Abenteuer der Fanny Hill‹ (18. Jahrhundert) oder ›Lady Chatterley‹ von D. H. Lawrence (19. Jahrhundert) zu fragen, bestellen Sie per Internet. Oder kaufen Sie einen Klassiker von jenen Autoren, deren Namen zu Unrecht über jeden Zweifel erhaben sind. Vom Humanisten Boccaccio das ›Dekameron‹, vom Enzyklopädisten Diderot ›Die geschwätzigen Kleinode‹, vom römischen Dichter Apuleius ›Der Goldene Esel‹, von der veritablen Königin

Margarete von Navarra ›Das Heptameron‹, vom artigen Chevalier de Seingalt, besser bekannt als Casanova, die Memoiren (›Die Geschichte meines Lebens‹). Mit historischen Vergleichen lässt sich jedes noch so brisante Erlebnis in den unverfänglichen Bereich des Literarischen und zeitlos Allgemeinmenschlichen verlagern.
- vergessen Sie Vorurteile gegenüber homoerotischer Liebe. Nicht nur, weil das ebenso engstirnig ist wie politischer oder konfessioneller Fundamentalismus, auch deswegen, weil Sie nie wissen, wie es Ihr Gesprächspartner wirklich hält (Ehepartner sind keinerlei Garantie).
- verraten Sie nichts über Ihre sexuellen Vorlieben (Blondinen oder Asiatinnen bevorzugt), denn es kommt mit Sicherheit falsch an und sofort herum. Plaudern Sie lieber aus, was Sie über das Liebesleben von ansonsten wohl beleumundeten Prominenten wissen. Material hierzu in: Katja Doubek, ›Das intime Lexikon. Sex & Liebe berühmter Männer und Frauen‹.
- beschäftigen Sie sich mit Liebeslehren und Liebeskulturen, von Ovids ›Liebeskunst‹ (Ars amatoria) über Lukians ›Hetärengespräche‹ bis zum ›Kamasutra‹. Anspielungen, die diesbezügliche Bildung verraten, adeln jede etwas frivole Bemerkung.
- berichten Sie niemals über das, was zwischen Ihnen und einem Ex-Partner lief beziehungsweise nicht lief. Und brechen Sie jeden Smalltalk ab, wo andere in dieser Hinsicht entgleisen.
- geben Sie sich nicht als Experte/Expertin in allen Liebesdingen aus, wenn Sie zufällig etwas aufreizend angezogen sind. Denn dann hinterlassen Sie unter Umständen den irreführenden Eindruck, Sie seien hier, um neue Interessenten zu werben. Und beim Smalltalk ist oft zu wenig Zeit, den falschen Eindruck zu korrigieren.

Zu gutem Sex braucht es mehr als zwei nackte Körper. Und zum guten Smalltalk über Sex braucht es mehr als praktische Erfahrung. Wer sie hat und nur durchschimmern lassen will, muss die Kunst der doppelsinnigen Bemerkung beherrschen. Ausgerechnet die hierzulande wenig geschätzte Mae West liefert dafür jede Menge Musterbeispiele und jede Biografie über sie zahlreiche Anregungen.

»Ich stehe«, hat sie gesagt, »auf zwei Sorten Männer: auf muskulöse und solche ohne Muskeln.«

Einsteigen, aufsteigen, aussteigen.
Die drei Schwellen des Smalltalks

Ein guter Diagnostiker erkennt sehr schnell, woran es hapert. Das gilt auch für den Smalltalk. Dem Kenner verrät der Stoßseufzer, was das Problem ist.

»Wie fang ich bloß an!«, seufzen die einen. »Wenn ich nur wüsste, was ich dann Witziges erzählen soll«, seufzen die Nächsten. »Allein der Gedanke, wie ich da den Absprung schaffe, macht mich schon nervös«, klagen die Dritten.

Schüchterne Menschen schlagen sich vor allem mit Einstiegsproblemen herum, denn ein simples »Hallo« ist Ihnen zu blöde und das Risiko, einfach stehen gelassen zu werden, ist ihnen zu hoch. Menschen, die nicht schlagfertig sind oder zumindest das Gefühl haben, dauernd auf ihrer langen Leitung zu stehen, haben Angst, beim Smalltalk auf halber Strecke hängen zu bleiben. Und emotionale, oft auch sehr sensible Menschen haben Schwierigkeiten, sich zu verabschieden, weil ihnen das herzlos oder zumindest taktlos vorkommt, sich mit windigen Argumenten abzuseilen.

Entspannt und ohne Ehrgeiz.
Der richtige Einstieg in den Smalltalk

Jeder Anfang hat einen hohen Preis: Er kostet Überwindung. Ob das um Aufräumungsarbeiten, Schreiben, Auftritte oder um einen Kontakt geht. Das zweite Hindernis: Wer will sich schon gern als Anfänger fühlen?

Doch kommen wir keinen Tag drum herum.

»Der Anfang ist der wichtigste Teil der Arbeit.« Das stammt von keinem Romanautor, sondern von Plato. Leider ist der erste Schritt immer besonders beschwerlich, weil der Horror vacui, der Schreck vor der Leere, uns hemmt. Ob das ein leeres Blatt Papier ist, ein leerer Bildschirm oder jene Stille, in die das erste Wort hineinfällt.

Die Hemmschwelle zu überschreiten, wird deutlich leichter, wenn wir uns das mit dem Einsteigen plastisch vorstellen. Bei Autos, Bahnen und Bussen, bei Büchern, Filmen und Theaterstücken gilt: Der Einstieg darf nicht zu hoch sein. Sonst ist es den meisten zu beschwerlich oder sogar unmöglich, hineinzukommen. Andererseits soll er auch nicht so platt sein, dass jeder Idiot hereinstolpern kann und andere vermuten, man selbst sei auf dem allerniedrigsten Niveau zufrieden. Das fängt bei der Sprache an. Wer gleich zu Beginn große Brocken Fachsprache hinklotzt, entmutigt die anderen, die diesen Jargon nicht sprechen. Mit einem bestimmten Szene-Slang ist es auch nicht besser, wenn der nicht allen Anwesenden vertraut ist. Könner reden also beim Einstieg allgemein verständlich und holen andere durch die schlichte Frage: »Und was heißt das?« ebenfalls auf Normalniveau herunter. Sie wissen auch, dass eines sofort jedes Gespräch abwürgt: Fragen, auf die der andere nur mit Ja oder Nein antworten kann. Das ist, wie wenn man beim Tennisspielen den Ball nur einmal übers Netz bringt – es kommt einfach kein Spiel zustande. Und da gibt jeder schnell ermüdet auf. Umgekehrt gibt es Fragen, die liegen da wie ein roter Teppich – es ist ganz bequem, ihn zu betreten.

Aller Anfang ist beim Smalltalk besonders schwer, weil er leicht wirken soll. Mühelos, offen, aber nicht belanglos, freundlich, aber nicht anbiedernd.

Am einfachsten ist es, wenn Sie von etwas ausgehen, das die Situation vorgibt.

Aufmerksamen Beobachtern bieten sich da genügend Aufhänger.

- Die besondere Krawatte, Handtasche oder Sonnenbrille, das besondere Schmuckstück. »Wo haben Sie denn das entdeckt?« ist eine Frage, auf die es leicht fällt zu antworten. Noch leichter mit dem roten Teppich davor: »Das passt ja ganz besonders gut zu Ihnen ...«.

Erfahrene Smalltalker machen es ihren künftigen Gesprächspartnern einfach, indem sie immer solch ein »conversation piece« (was eigentlich ein unterhaltsames Gesellschaftsstück à la Oscar Wilde meint) am Leibe tragen. Smalltalk-Künstler wissen aber auch, dass bei der Frage nach dem conversation piece nie gebohrt werden darf. Heißt die Antwort: »Das habe ich aus einem Laden in Paris« – ohne nähere Ortsangaben, dann will derjenige diese Adresse für sich behalten. Heißt es: »Das habe ich geschenkt bekommen« – ohne Anlass- oder Quellenangabe, dann soll der Schenkende aus welchen Gründen auch immer geheim gehalten werden.

- Das Buch oder die Zeitung in der Hand. Es sei denn, der einfühlsame Smalltalker bemerkt, dass der andere lieber nicht bei dieser Lektüre ertappt werden will. Steckt er den Thriller oder die bunte Klatschillustrierte verlegen weg, wäre jede Anspielung darauf grob fahrlässig.

- Die unübersehbar frisch gefüllte Einkaufstüte, wenn sie nicht vom Supermarkt, sondern von einem guten Delikatessen-, Bücher-, Kleider- oder Musikgeschäft stammt. Die Frage: »Was haben Sie sich denn gegönnt?« kann allerdings leicht etwas missgünstig klingen. Besser: »Kaufen Sie gern dort ein?« – denn so erfährt man ganz ne-

benbei auch noch, wer vom Verkaufspersonal kundig und wer ahnungslos oder antriebslos ist.
- Die neue Frisur oder die neue Barttracht. Auch da ist Vorsicht geboten mit Kommentaren. Ein strahlendes »Ach, du bist erblondet« wird nicht immer freudig aufgenommen, denn möglicherweise hat der neue Herr an der Seite der Blondine sie als solche kennen gelernt. Und eine Bemerkung wie »Seit wann trägst du denn einen Vollbart? Das konnte deine Freundin doch nicht leiden« kann angesichts neuer Konstellationen zu Peinlichkeiten führen. Die sehr weibliche Frage: »Und wo hast du diese Supersträhnchen machen lassen?« unterlässt eine sensible Smalltalkerin ebenfalls.
- Der Beruf. Viele Menschen haben Hemmungen, die als banal verschriene Frage »Was machen Sie denn beruflich?« zu stellen.
Die ist auch nicht ganz ungefährlich, denn wenn jemand arbeitslos ist, tut sie weh. Und wenn sie zu der Antwort nötigt: »Ich bin nur Hausfrau«, verletzt sie oft auch das Selbstwertgefühl. Klüger ist es, zu fragen: »Haben Sie einen harten Tag hinter sich?« Oder: »Haben Sie einen Beruf, der Ihnen Freude macht?« Generell nimmt es Hemmungen, jemanden nach dem zu befragen, was er den ganzen Tag leistet. Nur sollten die Fragen eben geschickt sein.

Dass der Anfang schwer ist, wissen Schriftsteller besonders gut. Er wird aber umso schwerer, je größer die Anforderungen sind, die man an ihn und damit an sich selber stellt. Aber es geht beim Smalltalk nicht darum, »famous first words« zu liefern, auch nicht darum, ungewöhnlich originell zu sein und schon gar nicht darum, seine geballte Kompetenz dem anderen vor den Latz zu knallen.

Der erste Satz des geübten Smalltalkers will nur eins: die Tür öffnen. Und zwar mit einladendem Lächeln.

Falsch	*Richtig*
»Verblödet das nicht, den ganzen Tag andern Leuten im Mund rumzufummeln?«	»Was ist für Sie der Reiz am Zahnarztberuf?«
»Das ist ja eine geile Farbe. Wo kriege ich das Teil?«	»Diese Farbe steht Ihnen ganz ausgezeichnet.«
»Sind Sie eigentlich naturblond oder ist das nur gebleicht?«	»Müssen Sie sich viele Blondinenwitze anhören?«
»Wie heißt das Parfum, das Sie tragen? Das hat etwas Vanilliges, und das steht mir sensationell gut.«	»Sie duften ganz wunderbar. Lassen Sie sich da beraten oder haben Sie selbst so eine gute Nase?«
»Haben Sie da keine Probleme mit ihrem Selbstbewusstsein, wenn Sie nur Hausfrau und Mutter sind?«	»Finden Sie bei diesem Fulltime-Job noch Zeit für irgendwelche Hobbys?«
»Ich sehe, Sie lesen gerade einen Donna-Leon-Krimi. Da ist doch einer wie der andere, oder?«	»Kennen Sie sich aus bei Kriminalromanen? Ich hätte so gerne mal einen richtig heißen Tipp.«
»Sind Sie aber braun. Ist das Studio oder echt?«	»Sie sehen ja blendend erholt aus. Kommen Sie gerade aus dem Urlaub?«

»Haben Sie den Schal selber gestrickt?«

»Das ist ja ein ganz außergewöhnlicher Schal. So etwas habe ich noch nie gesehen.«

Sackgasse oder Sprungbrett. Der Witz und der Gag im Smalltalk

Plot heißt das Zauberwort heute. Aber was dahinter steckt, ist eine alte Erfahrung. Der Sex braucht ihn, jeder Roman, jedes Bühnenstück, jeder Film und für jeden Tag wünschen wir ihn uns unbescheidenerweise auch: einen Höhepunkt. Der Smalltalk muss nicht unbedingt einen haben, wenn er aber einen hat, dann verwandelt er sich in Champagner, ist prickelnd und belebend.

Aber wie sieht ein Smalltalkplot aus?

Ist es ein guter Witz, eine sensationelle Nachricht oder ein Gag?

- *Zum Witz.* Die meisten Menschen haben Probleme, sich einen Witz zu merken. Und außerdem Angst, womöglich einen zu erzählen, der bereits bekannt ist. Gerade beim Smalltalk, wo man sich ja im Allgemeinen nicht in vertrauter, sondern mehr oder weniger zufällig zusammengewürfelter Gesellschaft befindet. Es ist verständlich, dass sich mancher gehemmte Mensch von einem Lacher eine befreiende Wirkung verspricht, aber sehr spezielle Witze wenig vertrauten Smalltalkpartnern zu erzählen, ist so umsichtig wie neue Gäste zu Hause mit einem so heiklen Gericht wie Kutteln zu bewirten.

Eine kleine Gruppe auf einer Hochzeit. Aperitif vor dem großen Essen. Onkel, Tanten, eher konservativ, drehen ihr Glas in der Hand, die Sätze tröpfeln.

Ein Witz muss her, sagt sich der jungdynamische Kumpel des Bräutigams, der sich etwas verloren unter ihnen vorkommt.

»Fällt mir gerade ein echt guter Witz ein. Da hat ein katholischer Priester endlich die ersehnte Audienz beim Papst und bittet, weil die übrigen Priester alle die Grippe haben, seinen evangelischen Kollegen, ihn zu vertreten beim Beichteabnehmen. Sagt der Evangele: ›Aber ich kenne ja gar nicht die Regeln.‹ Sagt der Priester: ›Macht nichts, die schreib ich dir alphabetisch auf.‹

Sitzt also der Evangele im Beichtstuhl, kommt ein Mann und beichtet: ›Hochwürden, ich muss eine große Sünde gestehen. Ich habe meine Frau mit einer anderen betrogen ...‹

Der Evangele fährt mit dem Finger das Alphabet runter. Ehebruch, da steht's: ›Bete zehn Vaterunser, mein Sohn, und der Herr wird dir deine Sünde vergeben.‹

›Aber Hochwürden, es ist noch schlimmer: Die Frau, mit der ich sie betrogen habe, ist meine Schwester.‹

Der Stellvertreter schaut unter I wie Inzest nach. ›Bete zwanzig Vaterunser, mein Sohn, und der Herr wird dir vergeben.‹

Beklommen meldet sich der Beichtende noch einmal. ›Aber das war noch nicht alles. Wir haben uns auch noch anders geliebt. Wir hatten – Analverkehr.‹

Der Stellvertreter sieht unter A nach – und findet nichts.

Er öffnet vorsichtig den Vorhang des Beichtstuhls und zischt einem Ministranten zu, der gerade vorbeihuscht. ›Sag mal, was gibt Hochwürden denn für Analverkehr?‹

Der Ministrant bleibt stehen und grinst. ›Och, mal ein Mars, mal 'ne Cola, mal 'nen Sticker ...‹«

Betretene Stille.

»Entschuldigen Sie, aber den versteh ich nicht«, sagt eine Tante.

»Wir verzichten auf die Erklärung«, sagt ihr Gatte und entfernt sich mit ihr vom Ort des Geschehens.

Dieser Witz ist ein Paradebeispiel für smalltalkungeeignete Unterhaltung. Besser kann es nicht danebengehen. Auch wenn derselbe Witz in vertrauter und passender Runde den großen Lacher bescheren könnte: Er ist schon deswegen hoch riskant, weil er diverse Gruppen und Überzeugungen brüskiert.

Witze, in denen es um Religion oder Sex geht, sind von vornherein heikel und eigentlich nur dann geeignet, wenn sie sich auf das Allgemeinmenschliche beziehen, also nicht irgendeine Gruppe, eine Haltung oder Neigung veräppeln. Vor allem aber muss ein Witz, der beim Smalltalk erzählt wird, offen sein und weiterführen. Normalerweise endet er ja in der Sackgasse: Mit der Pointe ist Schluss. Nicht aber, wenn sich daran eine Frage, ein Gedanke anknüpft, der den oder die anderen einbindet. Oder wenn er geradezu inspiriert zu einer kleinen amüsierten, etwas unernsten Diskussion.

Geht der heilige Franziskus eines Tages zu Petrus und bittet ihn, einen Tag Urlaub vom Himmel zu bekommen, um eine Stippvisite in der Hölle zu machen. »Ich möchte einfach mal wissen, wie es da unten so zugeht.«

Petrus gibt ihm frei. Spätabends kehrt der heilige Franz zurück. Er ist fassungslos: »Das ist ja unglaublich da unten. Die haben ein Frühstücksbuffet mit dreierlei Schinken, Käseplatten, Früchten, Omeletten, Lachs – wie im besten Hotel. Dann ein Mittagessen! Der reine Luxus. Und abends fahren sie dann alles auf, was Küche und Keller zu bieten hat. Champagner zum Aperitif, Antipasti, Edelfisch, Hummer, Steaks, die besten Weine – ein Wahnsinn.«

Er holt tief Luft. »Und was gibt's bei uns im Himmel? Jeden Tag Knäckebrot mit Leberwurst.«

Petrus zuckt die Schultern. »Mein Gott«, sagt er, »für uns zwei ...«

Danach lässt sich mühelos weiterreden: über Üppigkeit und Askese, über die Franziskaner, deren Orden heftige Nachwuchssorgen hat und verzweifelt nach Novizen sucht, über Frühstücksbuffets, über all die vielen Himmel-Hölle-Lästereien und -Legenden. Über die Frage, warum der heilige Franz so unumstritten als der Wahrhaftigste unter den Heiligen gilt, wie weit der Wiederaufbau der beschädigten Basilika in Assisi gediehen ist, wer dort schon mal war und die Kutte des Heiligen hinter Glas besichtigt hat – ob die wohl echt ist? Wie arg der Touristenkitsch das schöne Assisi verschandelt und welche Auswüchse die Souvenirindustrie dort entwickelt – schon fast wieder gut, so kitschig.

Smalltalkgeeignet sind auch die meisten Witze über Kinder, ob die Beteiligten nun welche haben oder nicht. Denn die sind ein Thema, das unerschöpflich ist.

Selbst völlig entnervte Eltern, die noch eine halbe Stunde vorher ihre Brut verwünscht haben, sprühen nur so vor Geschichten, wenn sie anderen klar machen dürfen, wie wunderbar diese kleinen Bestien eben doch sind. Umgekehrt erlaubt der Smalltalk auch manchen befreienden Seufzer, denn hier erwartet ja keiner familientherapeutischen Rat. Nur Mitgefühl. Zum Beispiel mit frisch gebackenen Eltern, die entdecken, dass ein Kind das ganze Leben auf den Kopf stellt und durchaus zum Martyrium gestalten kann. Vor allem aber verbindet die Lust an kindlicher List und Tücke. Ein Witz, der darauf baut, kommt immer und überall an. Und regt an zu Erlebnisberichten aus dem Wohn- bzw. Kinderzimmer.

Ruft einer bei seinen Freunden an.
»Hallo«, flüstert ein Kind ins Telefon.
»Bist du's, Maxi?«
»Ja«, wispert der Kleine am anderen Ende.
»Sind die Eltern da?«
»Die sind«, kommt es kaum hörbar, »im Schlafzimmer.«
»Ach so. Dann ruf ich später wieder an.«
Nächster Anruf, etwas später.
Wieder meldet sich Maxi, flüsternd.
»Kann ich jetzt deine Eltern sprechen?«
Maxi (flüsternd): »Die sind im Keller.«
»Gut, ich melde mich später wieder.«
Eine Viertelstunde danach.
»Bist du's, Maxi?«
»Ja«, kommt es, so leise wie nur möglich.
»Sind deine Eltern jetzt erreichbar?«
»Nein«, wispert Maxi, »die sind im Speicher.«
»Ja, was treiben die denn im ganzen Haus?«
»Die suchen nach mir.«

Auf diese Episode folgt nach dem Lacher mit Sicherheit kein Schweigen, denn sie inspiriert dazu, eigene Erlebnisse zu erzählen, nicht nur mit den eigenen Kindern, sondern auch mit anderer Leute Brut oder aus der eigenen Kindheit.
Und die ist immer sehr ergiebig.
Es braucht einige Übung, Witze im Smalltalk so einzu-

setzen, dass sie dem verbalen Verkehr kein rabiates Ende bereiten durch Auffahrunfall auf die Pointe.

Auch was die passive Rolle beim Witzeerzählen angeht, ist Erfahrung hilfreich.

Zum Beispiel mit der berüchtigten Situation, dass ein Ehepaar einen Witz erzählt. Alles Nähere dazu in der gleichnamigen Erzählung von Kurt Tucholsky.

Hier macht es keinen Sinn, ordnend einzugreifen. Nur geduldiges Abwarten mit einem gleichmäßig schwebenden Lächeln rettet über diese Lage hinweg, in der er und sie sich dauernd korrigieren. Und selbst die Pointe noch in zwei Versionen liefern. Sondert jemand einen Witz in jenem Ton ab, der eine bedrückende Routine erkennen und daher endlose Fortsetzungen befürchten lässt, greift der kluge Smalltalker energisch ein und schwenkt um auf ein Thema, über das sich keine Witze reißen lassen. Wer mit Witzen umgehen kann, nimmt das Gelächter nach der Pointe als gute Gelegenheit zum Ausstieg wahr und seilt sich ab.

- *Zur sensationellen Nachricht.* Wenn Sie viertelstündlich Nachrichten hören, kann es passieren, dass Sie einen aufregenden Informationsvorsprung haben. Damit beim Smalltalk zu brillieren, ist eine verlockende Idee. Nur leider selten eine gute. Denn brandaktuelle Meldungen beziehen sich fast immer auf Katastrophen, Flugzeugabstürze, Erdbeben, Wirbelstürme, aufgelaufene Öltanker oder Amokläufer. Eher besitzen da noch Nachrichten eine Smalltalkeignung, in denen es um Korruption geht, denn das menschelt so wunderbar und vermeidet harte Dispute meistens schon deswegen, weil letztlich eh jeder gewusst haben will, dass dort fleißiger geschmiert wurde als in jeder Autoreparaturwerkstätte.

Gut kommt auch jeder Prominentenklatsch an, der noch

nicht durchs Maul der Medien gegangen und vorgekaut worden ist. Denn jetzt kann jeder noch ganz unvoreingenommen zugeben, was er dazu denkt. Alles Weitere zu diesem Aspekt der Nachrichten siehe Seite 58 f. im Kapitel über Klatsch. Sensationsmeldungen über Fauxpas machen ebenfalls Spaß, da sie jene urmenschliche Schadenfreude bedienen, die als erlaubt gilt. Nachdem George W. Bush jun. sich zu einem neuen Lübke entwickelt, tragen Zitate von ihm einfach zur Heiterkeit bei, jenseits der politischen Einstellung. Üblicherweise aber sind positive Mitteilungen die richtigen für den Smalltalk, denn es gilt nach wie vor die antike Regel, dass der Empfänger den Überbringer der schlechten Nachricht für diese verantwortlich macht – so ungerecht das sein mag. Und darauf verzichtet jeder gern.

- *Zum Gag.* Viele Menschen verfügen über Talente, mit denen sich kein Geld machen lässt, aber gute Unterhaltung. Sie können Geräusche nachahmen vom tropfenden Wasserhahn über das Entkorken einer Weinflasche und Eingießen bis hin zur Eisenbahn. Ergibt sich die Gelegenheit, wird genau daraus ein Gag, der alle amüsiert. Auch begabte Stimmenimitatoren (Vorsicht: Reich-Ranicki kann fast jeder) verfügen über ein Kapital, das sich beim Smalltalk auszahlt. Die einzige Gefahr dabei: dass sich diese Begabungen herumsprechen und der arme Mensch fortan bei jedem Smalltalk genervt wird: »Mach doch mal vor, wie ...« Beliebt ist auch jede Art von Taschenspielertrick. Wer damit einen Gag landen möchte, muss allerdings üben. Der Grundkurs lässt sich mit einem sehr guten Zauberkasten und einem Zauberlehrbuch absolvieren. So wunderlich es klingt: Derartige Fähigkeiten geben jedem Smalltalk einen Kick, der ihn für andere unvergesslich macht. Vor allem mentale Magie, die sich aufs Gedankenraten verlegt, beeindruckt und fasziniert – und ist außerdem höchst smalltalkgeeignet, weil das erste Gebot jedes Zauberers lautet: Wiederhole niemals einen Trick vor demselben Publikum. Also wechseln Sie das Bäumchen.

Generell aber ist der Höhepunkt beim Smalltalk nicht unbedingt ein Ereignis. Es kann auch schlicht das Erlebnis sein, dass sich zwei oder mehr Menschen in wenigen Minuten zu einer Gemeinschaft zusammenschließen, die sich bei aller Ungebundenheit verbunden fühlt. Getragen von einer gemeinsamen Stimmung, umarmt von jener gefahrlosen Freundlichkeit, jener arglosen Heiterkeit und Leichtigkeit, die wohl tun in einer anstrengenden Alltagswelt.

Famous last words. Der Ausstieg aus dem Smalltalk

Die Behauptung, der Anfang sei das Schwierigste, ist zwar beliebt und berechtigt. Aber es gibt auch die entgegengesetzte Theorie, die besagt, Abschiednehmen sei das eigentliche Problem. Denn es verhalte sich mit dem Smalltalk nicht anders als mit dem wirklichen Leben: Geboren werden wir, sterben müssen wir alleine. Doch auch ohne so existenziell zu werden – es genügt, die letzten Sätze weltberühmter Werke zu lesen, um sich ein Bild zu machen, wie schwer das mit dem Aussteigen ist.

Das allein ist wohlgemerkt schon wieder ein recht ergiebiges Smalltalkthema.

Mit einem schlichten »Ja« endet der ›Ulysses‹ von James Joyce, mit einem dreifachen »Ja« schließt ›Die Blechtrommel‹ des Günther Grass, mit einem etwas verklemmten »Es ist buchenswert« die ›Lotte in Weimar‹ von Thomas Mann und mit dem unfreiwillig komischen Satz »Diederich war schon entwichen« hört ›Der Untertan‹ von Heinrich Mann auf. Den Sprachkünstler und -skeptiker Arno Schmidt trieb die Angst vor dem Ende zu der größten Vorsichtsmaßnahme: Er setzte am Schluss von ›Das steinerne Herz‹ den letzten Satz in doppelte Klammern – nahm ihn also doppelt zurück: ((Und nun sitz ich da!)) Ganz hilflose Autoren setzen einfach ein rabiates »Ende« unter ihr Werk. So leicht geht das beim Smalltalk leider nicht. Ein guter Smalltalker beherrscht die Kunst, ein Ende zu finden, das nicht wie eine Bruckner-Sinfonie klingt, aber auch nicht wie ein ausgeblendeter Schlager (manche Rundfunksender gehen ähnlich mit Klassik um), der im Nichts beziehungsweise der Werbung versickert.

Es gibt Smalltalksituationen, da wird einem das Problem von der Technik abgenommen: U-Bahnen, S-Bahnen, Straßenbahnen, Busse und Lifts halten und einer steigt aus.

Es wäre sicher eine gute Idee, wenn manche Veranstalter so genannter Events, wo besonders viele von den Leuten da sind, die sich die »people« nennen und wichtig nehmen, wo also der hurtige Wechsel von Wichtigkeit zu Wichtigkeit besonders aufreibend ist, einen Menschen in Uniform mit Trillerpfeife aufstellten. Bei Abpfiff geht's kommentarlos weiter.

In Ermangelung einer solchen Institution, müssen sich die Smalltalker selber helfen.

Die bewährten Methoden, sich abzuseilen, sind
- *Demonstratives Desinteresse zeigen.* Körpersprachlich sehr einfach: Sie treten von einem Fuß auf den anderen, lassen die Blicke schweifen oder sich gar festsaugen an irgendetwas in der näheren Umgebung, Sie können sich

auch ausgiebig die Nase pudern und die Lippen nachziehen, etwas in Ihren Jacketttaschen oder Ihrer Handtasche suchen oder, wenn zur Hand, in Ihrer Agenda etwas nachsehen. Die Methode funktioniert todsicher und bewahrt Sie ebenso todsicher vor Einladungen, Sympathien und dem Ruf, ein zauberhafter Gesprächspartner zu sein.

- *Den Fluchthelfer erkennen.* Ein Glücksfall, den sich keiner entgehen lassen sollte: Genau an dem Zeitpunkt, wo es gut wäre, sich zu lösen, kommt ein Neuzugang. Besonders dann, wenn Sie davor nur zu zweit gewesen waren und verstehbare Hemmungen gehabt hätten, den anderen allein stehen zu lassen, ergibt sich nun eine Chance. Raffinierte Smalltalker nutzen sie, indem Sie den Neuen auf etwas aufmerksam machen, was der andere Ihnen bereits erzählt hat. »Wissen Sie eigentlich, dass Sie hier den größten Cool-Jazz-Experten vor sich haben? Ich glaube, ich lasse Sie jetzt mal allein.« Und mit dieser Übergabe können Sie sich verdrücken. Wenn Sie beide Beteiligten kennen, die sich jedoch untereinander nicht, dann fragen Sie Ihr Gedächtnis rasch ab, ob die beiden etwas teilen – sei es die Kennerschaft in Sachen Wein, sei es die Leidenschaft für Thai-Küche oder Kalifornien. Das ist eine sehr elegante Lösung, zu der es Glück und ein gutes Gedächtnis braucht. Daher ist sie rar.
- *Ein menschliches Rühren vorgeben oder nutzen.* Oft ist der menschliche Organismus in seiner Eigenmächtigkeit eine willkommene Hilfe. Allerdings wirkt es wenig gekonnt, dieses Bedürfnis nach Erleichterung, ob echt oder nicht, in klaren Worten kundzutun. Das bleibt Kindern vorbehalten. Andererseits wirkt altmodisch Gedrechseltes in diesem Zusammenhang auch etwas peinlich. Der Satz »Ich muss mir mal die Hände erfrischen« erntet

heute günstigstenfalls Unverständnis, aber ein kokettes »Ich muss mal für kleine Jungs/Mädchen« wirkt auch nicht souverän. Und ein schlichtes »Ich muss leider mal aufs Klo« hat etwas Unappetitliches. Abzuraten ist auch von näheren Angaben zur Befindlichkeit: »Bei mir rumort es im Bauch. Entschuldigung, aber ich neige nun mal zum Durchmarsch.« Besser kommt da eine Bemerkung an wie »Ich bin leider ein Durchlauferhitzer«. Aber wie ein großer Schauspieler nicht die dramatische Deklamation braucht, sondern mit kleinen Gesten überzeugt, genügt dem Smalltalkkönner ein ganz leicht verlegenes Lächeln und der Satz: »Würden Sie mich für ein paar Minuten entschuldigen?« In allen Fällen ist es angeraten, nicht drei Schritte weiter bei der nächsten Gruppe zu landen, sondern zielstrebig den Weg zum benötigten Ort zu suchen. Steht bei der Rückkehr Ihr Ex-Partner nicht allein herum, dann können Sie mit ruhigem Gewissen Neuland erobern.

- *Sich anderweitig als erwünscht erklären.* Die Tatsache, dass es Adressendateien gibt, die fröhlich auf dem Schwarzmarkt verzweifelter PR-Agenten verschoben werden, führt zu einer neuen Form der Großfamilie, die alles außer familiär ist. Bei dem, was sich Event nennt, rotten sich also meistens Menschen zusammen, die in fast derselben Mischung regelmäßig bei ähnlichen Veranstaltungen aufkreuzen. Nur Außenstehende bilden sich ein, hier sei der Smalltalk einfacher. Er ist im Gegenteil viel mühsamer, denn jeder kennt die Gags, Witze, Tricks, Anekdoten und natürlich auch die Ausreden der anderen. Durchschaut zu werden, ist leider ein ungemütliches Gefühl. Hier empfiehlt es sich, den erschwerenden Tatbestand zur Erleichterung einzusetzen. »Oh, ich sehe gerade, dass der Daniel was von mir will.

Der winkt wie ein Verrückter.« Oder auch: »Ich muss jetzt leider mal zu ganz alten Freunden rüberschauen, die von auswärts gekommen sind und früh wieder aufbrechen müssen.« Auch ein wortloses, aber offensives Grüßen und Winken anderswohin kann bereits als Ankündigung des Aufbruchs dienen. Und wird auch so verstanden.

Wie in allen Ressorts des Smalltalks gilt es auch beim Absprung, aktiv wie passiv ein Könner zu werden. Wenn Sie spüren, dass Ihr Gesprächspartner nervös wird, sei es, weil er mit jemand anderem reden will, sei es, weil Sie beide einfach keine guten Themen finden, sei es, weil er nur daran denkt, was er sich noch vom Buffet holen soll, dann helfen Sie ihm beim Absprung. »Ich glaube, Sie haben hier noch ein paar Verpflichtungen, was?« Oder: »Ich habe das Gefühl, Sie werden anderweitig noch gewünscht.« Auch so können Sie sich den Ruf eines einfühlsamen Smalltalkers erwerben, denn jeder Mensch ist froh, wenn andere ihm die Ausreden abnehmen. Das sind nämlich die anstrengendsten Reden.

Falsch	*Richtig*
»Okay. Ich schau mal, wen ich hier sonst noch so kenne.«	»Ich muss hier noch ein paar Bekannte begrüßen. Aber vermutlich treffen wir uns später ohnehin noch mal.«
»Ich merke schon: Sie schauen die ganze Zeit dort rüber. Gehen Sie ruhig hin, ich finde schon jemand, mit dem ich reden kann.«	»Ich habe das Gefühl, da drüben will jemand Sie dringend sprechen. Und ich habe hier eh noch einen Rundgang zu absolvieren.«

»Wenn Sie Cineast sind, muss ich leider passen. Tschüss dann.«

»Wenn Sie ein solcher Filmexperte sind, muss ich Sie unbedingt mit einem Freund bekannt machen, der dort vorne steht.«

»War nett, mit Ihnen zu reden. Aber hier sind noch jede Menge wichtige Leute.«

»Ich würde Sie gerne wieder sehen. Haben Sie eine Karte dabei?«

Pragmatisch macht sympathisch.
Die Hilfsdienste beim Smalltalk

Ein Theoretiker, lästert der Volksmund, sei ein Mensch, der mehr weiß, als er kann. Er besitzt beim Smalltalk also bestenfalls Unterhaltungswert – wenn die Theorien sich kurz fassen lassen –, aber keinerlei Wert für den Unterhalt. Für den sorgen die daher so beliebten Pragmatiker. Wenn Sie zu denen gehören wollen, machen Sie sich schlicht eines bewusst: Nur sehr wenige Menschen verfügen über artistische Begabung. Nahrungsaufnahme und Smalltalk gleichzeitig zu bewältigen, ist aber ein Akt, der sie erfordert. Erschwert wird er oft noch durch modische Gemeinheiten; ist auf einmal die kleine Henkeltasche, gestern noch als spießig verschrien, angesagt und die praktische Umhängetasche als gestrig ausrangiert, bräuchten weibliche Teilnehmer vier Hände.

Wird kein Fingerfood gereicht, wie sich das, was man aus der Hand essen darf, nennt, wenn es viel kostet, fehlt jedem Gast mindestens eine Hand beim Imbiss im Stehen. Heißt es doch das Glas umklammern, den Teller halten und gabeln. An ein Messer gar nicht zu denken.

Paare können ihr funktionierendes Verhältnis unübersehbar vorführen, indem sie sich abwechselnd der Nahrungsaufnahme widmen und der andere sich jeweils als plaudernder Gläser- bzw. Handtaschenhalter betätigt. Ein erfahrener Smalltalker weiß, dass er diese Arbeitsteilung auch einem nicht so vertrauten Menschen anbieten kann. Selbstverständlich übernimmt er zuerst den Assistentenjob und lässt den anderen konsumieren.

Wer als Meister des Smalltalks gelten will, muss ein geschickter Beschaffer sein, also mit schnellem Blick erkennen, an welchem Stehtisch noch Platz wäre, wann die Schlange am Buffet kurz ist, wo der Kellner mit den Gläsern herauskommt und in welchen Schneisen der mit den Flaschen zum Nachschenken herumkreuzt.

Wie ein Inspizient dafür zu sorgen hat, dass auf der Bühne alles an Ort und Stelle ist, kümmert sich der Smalltalker drum, dass um ihn her keine Mängel herrschen, denn erst das gibt anderen das Gefühl von Entspannung – zu wissen, sie sind versorgt. Werden Teller angereicht und es ist zum Schluss eine Portion zu wenig auf dem Tablett, verzichtet der höfliche Smalltalkmeister, und zwar kurz und bestimmt. Denn sonst setzt jenes Spielchen im Namen der Höflichkeit ein, das etwas peinlich enden kann.

Kohn und Grün gehen in ein vornehmes Lokal und bestellen gemeinsam eine Portion Fisch. Auf der Platte, die serviert wird, liegen zwei Fische. Aber von sehr unterschiedlicher Größe. Nun fängt das höfliche Pingpong an. Jeder will den anderen vorlassen, sich erst zu bedienen. Schließlich lässt sich Kohn überreden und nimmt sich als Erster – den größeren Fisch. Sagt Grün empört: »Das ist doch eine unglaubliche Chuzpe, dass du dir als Erster nimmst und dann den größeren.«

Fragt der Kohn: »Wenn du als Erster genommen hättest, welchen hättest du ausgewählt?«

Grün indigniert: »Natürlich den kleineren.«

Kohn: »Was regst du dich dann auf? Den hast du ja.«

Nachdem es sich um Genussmittel handelt, die andere Leute finanzieren, ist bei den üblichen Events natürlich leicht großzügig sein. Doch der kluge Smalltalker bedenkt, dass andere ihre Rückschlüsse ziehen könnten, wenn er vorschlägt, sich hier mal so richtig den Wanst voll zu schlagen mit Hummer, Lachs und Kaviar und dazu verschwörerisch bemerkt: »So oft kriegen wir so was nicht gratis.«

Es gibt Menschen, die während des gemeinsamen Schlangestehens am Buffet dem Nachbarn liebevoll raten, sich an den San Daniele zu halten oder an die Flusskrebse. »Die Mozzarella mit Tomaten können wir uns auch selber kaufen, was?« Solche Tipps führen zumindest dazu, dass der gut Beratene den Ratgeber nie zu sich einlädt.

Auch in anderer Hinsicht sollte der Smalltalker es mit der Fürsorglichkeit nicht übertreiben. Ungeübte neigen manchmal zu einem Betüteln, das aufdringlich wirkt. Und oft wie ein windiger Vorwand, jemanden zu befummeln.

Falsch	*Richtig*
hinzeigen, wo sein Kinn schmierig ist, und es vernehmlich dazu sagen	am eigenen Gesicht bedeuten, wo der andere ungewollte Essenspuren hat
am anderen oder für ihn Reinigungsunternehmen spielen	dem anderen ein Taschentuch reichen, wenn er etwas verkleckert
den Smalltalkpartner entfusseln	dem Gegenüber ein gut sichtbares Haar von der Kleidung zupfen
den anderen von vorn und hinten bedienen	sich drum kümmern, dass der andere was bekommt
den Wein als ungenießbar bezeichnen (der Gastgeber hört mit)	vor dem korkenden Wein, der gerade nachgeschenkt wird, warnen

| alle leeren Teller einsammeln und den Stapel halten, bis der Service ihn abholt | den Teller halten, während der andere nach einem Taschentuch sucht |

| für eine Viertelstunde verschwinden, den Tee selbst organisieren und mitbringen | wenn jemand zu schüchtern ist, nach Tee zu fragen (wg. Magen), die Frage selber an den Kellner stellen |

| eine Dame, die ihre Handtasche abstellt, warnen: »Die vergessen Sie bestimmt. Stellen Sie die bloß nicht da hin.« | auf die Handtasche verweisen, die noch an der Fensterbank steht, wenn jemand am Gehen ist |

Ein Smalltalker, der auch ohne Worte etwas taugt, ist wie ein guter Gastgeber:
    Er kümmert sich darum, dass die anderen auch versorgt sind. Aber umsorgt sie nicht wie Pflegefälle. Sonst werden sie nämlich welche.

Fast überall und oft überraschend.
Der Schauplatz für den Smalltalk

Dieses Buch ist eine Gebrauchsanleitung. Wie jeder Text dieser Sorte sollte er Betriebsunfälle verhüten und eine ökonomische, fehlerfreie Nutzung ermöglichen. Leider kann diese Anleitung das nicht versprechen. Denn es gibt so viele unterschiedliche Smalltalksituationen, wie es Menschen gibt, die Smalltalk betreiben. Es gibt also jede Menge unvorhersehbarer Komplikationen. Was, wenn während des Smalltalks auf offener Straße der Hund des einen Gesprächspartners dem anderen ans Bein pinkelt? Was, wenn sich plötzlich herausstellt, dass Ihr Smalltalk-Gegenüber einmal mit Ihrem Mann oder Ihrer Frau liiert war? Was, wenn Sie auf einem Event über einen neuen Bestseller lästern und der, mit dem sie reden, sich als dessen Verfasser entpuppt? Was, wenn Sie jemanden der Stimme und der Kleidung wegen ganz selbstverständlich als Mann behandeln – und der eine Frau ist (oder umgekehrt)?

In einem tiefen Gespräch lassen sich alle Missverständnisse beseitigen, bei Smalltalk ist dafür weder die Zeit noch die Gelegenheit vorhanden.

Beruhigenderweise sind aber die typischen Smalltalksituationen immer mit denselben Schwierigkeiten gesegnet. Deswegen riskiere ich hier den Smalltalk-Führer pauschal.

Auf dem Empfang, der Stehparty, dem Event

Gemeinsam ist diesen Anlässen ein Mangel an Bequemlichkeit, mutige Menschen sagen sogar Gemütlichkeit, der damit gerechtfertigt wird, so komme Bewegung ins Spiel. Verschwiegen wird der pragmatische Aspekt, der gerade bei kommerziellen Veranstaltungen oder solchen, die vom armen Staat beziehungsweise noch ärmeren Kommunen finanziert werden, oft das Motiv ist: Es lassen sich für weniger Geld mehr Leute abfertigen.

Der Empfang heißt so, damit jeder die Absicht merkt, obwohl kaum einer dort wirklich persönlich empfangen wird. Denn jeder Besucher muss sich selbst sein Plätzchen suchen. Je mehr Gäste bereits in diesem Empfangsraum, sprich Wartesaal warten, desto schwieriger wird es für Neuankömmlinge. Erst recht, wenn der Neuankömmling weiblich und einzelstehend ist. Sogar selbstbewusste Frauen gestehen, dass der Augenblick, wo sie alleine auf eine stehende Meute zugehen, Ihnen ein ungemütliches Gefühl beschert. »Ich spüre jedes Kilo zu viel«, klagen manche. »Ich komme mir plötzlich minderwertig vor«, geben andere zu. »Ich fühle mich wie ein Außenseiter«, sagen die meisten.

Betrachten Sie den Smalltalk konsequent als Spiel. Lustspiel, Trauerspiel, Vorspiel, Nachspiel, Heimspiel – was immer. Und da zählen die ersten Minuten. In diesem Fall heißt das:
- Bleiben Sie nicht an der Tür kleben, bewegen Sie sich zügig, stolz und zielbewusst Richtung Raummitte. Sollten Sie dabei eine Hilfestellung brauchen: Stellen Sie sich einfach vor, genau dort, im Herzen der Gesellschaft, stünde ein lieber Freund, der Ihnen erwartungsfroh entgegenlächelt. Schon lächeln Sie zurück. Und schon steht da wirklich jemand, der unbedingt mit Ihnen reden will.

- Passiv betrachtet hat nicht nur der Gastgeber, sondern auch jeder Gast die Aufgabe, jemanden, der alleine rumsteht oder die Hemmschwelle nach der Türschwelle nicht zu übersteigen wagt, in ein Gespräch einzubinden.
- Ein funktionierendes Smalltalkduo oder -trio kann jederzeit erweitert werden. Um zu signalisieren, dass Sie dazu bereit sind, öffnen Sie die Runde im wahren Wortsinn: Treten Sie einen Schritt zur Seite, wenden Sie den Körper dem zu, der einbezogen werden soll, und formulieren Sie die Einladung so, dass derjenige sich erwünscht fühlt. »Sie stehen hier so einsam herum, finden Sie keinen Anschluss?« ist weniger geeignet. »Geben Sie uns die Ehre, bei unserer kleinen Diskussion mitzumachen? Wir waren gerade bei…« Oder ganz einfach: »Ich weiß nicht, ob Sie es mitbekommen haben, aber wir haben gerade drüber geredet, ob diese Wochenendskifahrerei mehr Stress oder mehr Erholung ist. Wie stehen Sie dazu?« Wenn Sie fragen: »Fahren Sie überhaupt Ski?«, schlagen Sie die Tür bereits wieder zu, falls derjenige es nicht tut. Doch eine Meinung zu der Frage kann er auch als Nichtskifahrer haben.

So zwanglos manche Events auch wirken: Es gelten dort ungeschriebene Regeln, an die sich Smalltalkkönner halten – nicht aus Gründen der Förmlichkeit, sondern aus Taktgefühl:
- Auf jeder Party, auf jedem Empfang gibt es mindestens eine Person, die über besonderes Unterhaltungstalent verfügt und deswegen sofort im Mittelpunkt steht. Sie finden sie, indem Sie dem Gelächter nachgehen. Selbstverständlich scharen sich alle um diesen Star. Aber so sprühend der auch sein mag: Klammern Sie nicht. Lassen Sie auch mal andere ran. Falls Sie selbst solch ein Magnet sind, wandern Sie.

- Dasselbe gilt für jeden, der berühmter ist als die übrigen Anwesenden. Auch denjenigen sollten Sie nicht belagern, sondern ziehen lassen, damit er seine Aufmerksamkeit verteilen kann. Und zwar so, dass es nicht wie eine gnädige Gunstverteilung wirkt – hier und da eine Bemerkung fallen lassen wie ein Pferd den Apfel.
- Auch wenn er sich nicht gleich zeigt: Hinter jedem Empfang steht ein Gastgeber, manchmal auch nur ein unpersönlicher Veranstalter. Und zuweilen sogar nur jemand, der den Veranstalter, sprich den, der's zahlt, vertritt – also irgendein PR-Agent. Dort gehen wir nicht aus persönlichen Gründen hin, sondern weil es gratis zu essen und zu trinken gibt und wir ein paar Leute treffen, die wir sonst zu uns einladen müssten. Oder die wir vielleicht gar nicht einladen wollen, sondern am liebsten nur mal so unverbindlich kontaktieren. Ist der Empfang politischer oder kultureller Natur, steht meistens am Eingang jemand, der sich als Begrüßungsautomat betätigen muss und das Ganze organisiert hat. Manchmal auch nur organisieren lassen hat. Auf jeden Fall sollten Sie sich beim Abschied bedanken. Wenn eine Firma geladen hat, die nur durch einen Geschäftsführer vertreten ist, dann bei ihm und den Leuten vom PR-Büro. Ja, die werden dafür entlohnt – trotzdem freuen sie sich, wenn ihre Arbeit gewürdigt wird. Und bei dem Smalltalk, der dann fällig wird, sollten Sie möglichst nicht den Taittinger-Champagner loben, wenn Moët-Chandon ausgeschenkt wurde, weil Moët-Chandon der Gastgeber war.
- Wenn es um die Promotion eines Produkts geht, finden viele Gäste es völlig ausreichend, die Veranstaltung mit ihrer Anwesenheit zu schmücken. »Schließlich werde ich als Multiplikator benutzt«, heißt es dann. Und multipliziert wird dann direkt vor Ort die Meinung über das

Produkt. Diese Gäste ziehen beim Smalltalk lautstark her über die geschmacklosen Taschen, diese Mode, mit der man sich in der Szene unmöglich macht. Denn damit wollen sie beweisen, dass sie absolut unabhängig und in keiner Hinsicht käuflich sind. Aber offenbar, sagt sich der etwas feinere Gast, finanziell so schlecht dran, dass sie das kostenlose Food & Beverage wahrnehmen müssen. Wer sich auf Kosten derer lustig macht, auf deren Kosten er gerade wie eine Raupe Delikatessen verschlingt, ist nicht souverän, sondern schlicht peinlich.

- Es gibt Smalltalks, bei denen der Veranstalter eine Rede hält. Es ist natürlich Ihr Recht, währenddessen den Smalltalk weiterzuführen, der gerade so richtig gut läuft. Aber bilden Sie sich nicht ein, das falle in diesem Getümmel sowieso keinem auf. Smalltalkkönner unterbrechen jedes Gespräch und wirken in jedem Fall so, als hörten sie mit gebannter Aufmerksamkeit zu. Es ist erstaunlich, was das an Sympathien einträgt – denn jeder andere sagt sich: »Bei mir wäre der dann bestimmt auch ganz Ohr.«
- Wenn Sie am Schluss mit Freund oder Freundin an der Garderobe anstehen, urteilen Sie möglichst nicht über die gehaltenen Reden, das Essen oder die Getränke, denn die Vorder- und Hinterleute hören gut und meistens gerne mit.
- Merken Sie sich, worum es bei dem Event geht, das Sie besuchen. Sie können es natürlich lässig finden, zu einer Preisverleihung an Tankred Dorst zu gehen, ohne ein einziges seiner Werke zu kennen, aber gute Smalltalker beugen den weniger erfreulichen Folgen dieser Lässigkeit vor, indem sie vorher zumindest einmal im Literaturlexikon nachlesen, was der Mann so alles verfasst hat. Es muss auch nicht sein, dass Sie für eine Einladung von

Dior ein Teil von Dior erwerben, wenn Sie das anbiedernd oder Dior einfach völlig überteuert finden. Aber Sie sollten zumindest so viel wissen, dass Sie nicht fragen: »Und wo steht dieser geniale Parfumeur? Ist das der junge Herr links neben der Tür?«

In öffentlichen Verkehrsmitteln

Verkehr ist ein in jeder Hinsicht vieldeutiges Wort. Aber leider denken die meisten Leute darüber nur nach, wenn es um »Verkehr, Geschlechts-« geht, nicht etwa, wenn es um »Verkehr, Straßen-« oder »Verkehr, öffentlicher« geht. Wer öffentlich verkehrt, muss jederzeit damit rechnen, in aller Öffentlichkeit mit Menschen, die er sich jetzt nicht ausgesucht hätte, zu verkehren, also einen Smalltalk führen zu müssen.

Es gibt zwar ein paar Tricks, mit denen Sie unmissverständlich kundtun können, dass Sie keine Lust auf Smalltalk haben, aber die werden von redefreudigen Mitfahrern mühelos überwunden. Mit deren Methoden können Sie natürlich umgekehrt sich verweigernde Fahrgäste knacken.
- Sie haben sich in eine Ecke gesetzt, den Körper Richtung Fenster gedreht, und lesen. Ihre Versunkenheit in die Lektüre ist unübersehbar, selbst wenn sie nicht ganz echt und das Buch langweilig sein sollte. Jemand grüßt Sie. Sie überhören es. Schließlich geht es beim Anfahren immer geräuschvoll zu. »Ja, sind Sie's jetzt oder sind Sie's nicht?« Widerwillig heben Sie den Kopf und sagen mit dem leicht glasigen Blick eines Menschen, der in Gedanken ganz wo anders weilt, »Oh, hallo«, um sofort wieder den

Blick aufs Buch zu senken. Der Bekannte steht jetzt ganz nah vor Ihnen. »Ist neben Ihnen frei?« Sie nicken. Aufatmend setzt er sich und beugt sich so zu Ihnen herüber, dass Sie seinen Atem spüren. »Ist das gut, was Sie da lesen?« Der Grunzlaut, der von Ihnen kommt, scheint ihn nicht zu befriedigen. Mit verrenktem Kopf versucht er etwas zu entziffern. »Ah, das ist ein Krimi – von dieser Amerikanerin in Venedig, wie heißt sie doch, Sie wissen schon, was ich ...?« »Donna Leon«, entkommt es Ihnen. »Ja, genau, die hab ich gemeint. Und wie ...«
»Das ist nicht von Donna Leon und es ist auch kein Krimi. Ich mag keine Kriminalromane.«
»Das ist ja interessant. Weil Sie das zu sehr aufregt? Sind Sie so zart besaitet?«
Spätestens hier ist klar, dass erst, wenn einer von Ihnen beiden aussteigt, der aufgenötigte Smalltalk ein Ende haben wird.
Abzublocken ist er nur, wenn Sie ganz am Anfang den Bekannten frontal angehen.
»Schön Sie zu sehen, setzen Sie sich nur her, neben mir ist noch frei. Es ist nur echtes Pech, dass ich keine Zeit zum Ratschen habe. Ich muss da dringend durch. Der Job, Sie wissen ja, wie das ist.«
Für solche Fälle sollten Sie die schöne alte Sitte des neutralen Buchumschlags, wie wir sie selbst als Kinder noch gebastelt haben, wieder aufleben lassen (tut einem Buch, das durch öffentliche Verkehrsmittel geschleift wird, ohnehin gut) und verhindern, dass der Bekannte Einblick nimmt. Ist beides nicht möglich, hilft nur noch die Ausrede, Sie müssten das Buch heute an einen Halbwüchsigen verschenken und jetzt ganz schnell feststellen, ob die Geschichte überhaupt jugendfrei sei.
- Wollen Sie selbst mit jemand, den Sie in irgendeiner

Bahn oder einem Bus treffen, einen Smalltalk anfangen, nehmen Sie derartige Ablehnungen nicht persönlich – es kann doch einfach sein, dass das Buch wirklich sehr spannend ist, eine Prüfung bevorsteht und noch mal gepaukt werden muss oder die Fahrt zum Job morgens die einzige Gelegenheit für den anderen ist, mit wachem Kopf ungestört zu lesen. Stellen Sie allerdings fest, dass sich der Lesende durch die Lektüre quält, das allzu mühsame Werk immer wieder sinken und die Blicke schweifen lässt, dann dürfen Sie das als Aufforderung zum Talk nehmen. Auch wenn es ein Fremder ist. Gerade bei längeren Zugfahrten signalisieren nämlich etwas schüchterne Menschen auf diese Weise, dass Sie für ein Gespräch sehr dankbar wären.

»Ist das Fachlektüre, die Sie sich da reinziehen müssen?«
»Nein, das ist das Buch, das seit Wochen auf der Sachbuchbestsellerliste steht. Aber es ist leider sehr anstrengend. Kennen Sie es?« Das Buch wird Ihnen hingehalten. Sie kennen es. Und könnten nun natürlich sagen, dass Sie es innerhalb von zwei Tagen durchgefetzt haben. Damit wäre der Smalltalk leider bei einem frühen Ende angelangt. Klug und leise aufseufzend zeigen Sie also lieber Empathie.

»Ich habe mittlerweile aufgehört, Bücher, die mir zu mühsam sind, zu Ende zu lesen. Den Luxus gönne ich mir.«

Und schon werden Sie sich verständigen über Romanautoren, Feuilletonisten und Lieblingsbücher.

Wer viel auf Achse ist, weiß, dass es Themen gibt, die für die Unterhaltung unterwegs so geeignet sind wie Softeis zum Abnehmen. Über die Risiken der Hochgeschwindigkeitszüge, die Häufung verheerender Zugunfälle, menschliches Versagen bei U-Bahn-Fahrern und

Flugzeugabstürze zu reden, verbietet sich von selbst. Aber auch alle Themen, die Übelkeit erregen könnten, sind nicht anzuraten. Viel geschmäht, aber sehr dankbar ist hingegen der gesamte Bereich der Meteorologie, inklusive Meteorologen und deren Treffsicherheit. »Das Wetter«, hat Mark Twain erkannt, »ist etwas, worüber alle schimpfen, wogegen aber keiner etwas unternimmt.« Der Grund für diese Passivität ist klar: Der zentrale Inhalt unzähliger Gespräche wäre den Menschen genommen. Und das Beste dran: Sie können, wenn Sie übers Wetter reden, nur ganz schwer in einen Fettnapf treten. Auf der anderen Seite gilt es als ebenso fantasielos wie unelegant, nur vom Wetter zu reden. Ob es langweilt oder nicht, hängt davon ab, was Sie daraus machen. Meister des Smalltalks bringen es so weit in dieser Kunst, dass sie vom Wetter reden und jeder weiß, dass sie eigentlich etwas ganz anderes meinen. Dazu braucht es allerdings eine differenzierte Körpersprache, gekonnt eingesetzte Blicke und raffinierte Betonungen. Beim Smalltalk in öffentlichen Verkehrsmitteln ist dafür weniger Gelegenheit, aber gerade dort ist das Wetter ein Thema, das so nahe liegt wie der nasse Schirm oder der Schnee auf dem Mantel. Als guter Smalltalker geben Sie dem angeblich kühlen Stoff Wärme, indem Sie über die Folgen des Wetters reden; als »unerschöpfliches Thema« hat schon Flaubert in seinem ›Lexikon der Allgemeinplätze‹ das Wetter erkannt: »Allgemeine Ursache von Krankheiten.« Genau da setzen auch Sie an, denn schlechte Laune, Antriebslosigkeit oder Kopfweh mit Wetterfühligkeit zu erklären, ist beliebt. Generell geben Nieselregen, Kälte, Matsch und Schneegestöber natürlich mehr her als Sonnenschein, aber auch unter dem leiden viele, weil Schwitzen nun einmal wenig elegant ist und gut angezogenen und erzogenen Menschen nicht eben Wohlgefühle beschert. Fröhlich herausgeknallte positive Statements machen allerdings die Möglichkeiten des Themas zunichte. »Mein Gott, ist das ein herrlicher Frühlingstag. Da muss man sich ja wohl fühlen, was?« So reden nur Dilettanten. Könner bauen die Sorge gleich ein: »Jetzt ist er auf einmal da, der Frühling. Aber so schön das auch ist – ich denke sofort daran, dass mit den Frühblühern das Leiden der Heuschnüpfler anfängt.«

»Ach, Sie leiden auch an Heuschnupfen?«
»Nein, ich nicht, aber meine Freundin.«
»Und worauf ist sie allergisch? Haselnuss?«

Bis hin zum Austausch von Geheimrezepten und Adressen guter Akupunkteure ist der Gesprächsstoff gesichert.

- Ästheten leiden unter der konsequenten Geschmacklosigkeit, mit der besonders in Deutschland U- wie S-Bahnen und die Züge der Bundesbahn ausgestattet sind, wo vor allem in den »Bordrestaurants« und »Bordtreffs« ungefährliche, aber heftige Design-Entgleisungen stattfinden. Kluge Smalltalker sehen die Vorteile dieser pastellfarbenen Zumutung: Sie liefert mit jedem unsäglichen Bezugsstoff reichlich Gesprächsstoff. Woher haben die Ausstatter – oder sollten es gar wirklich Innenarchitekten sein, die das verbrochen haben? – die Vorstellung, dieser schwiemelige Stil treffe den Geschmack der Masse? Sieht so aus, als ob sie mit einer bestimmten Sorte von Hotelausstattern im Bunde wären. Warum haben die Franzosen und Engländer, auch die Schweizer und Italiener noch Züge mit den bewährten Polstern in Grün oder Dunkelrot? Weswegen wurden die sehr viel hygienischeren Kunstlederbezüge zugunsten des unappetitlichen Acrylvelours abgeschafft? Steckt hinter der ganzen

Scheußlichkeit vielleicht ein farbpsychologisches Konzept? Mit leiser Nostalgie lässt sich davon träumen, wie schön das Essen im Zug war, als die Bordrestaurants noch Speisewägen hießen und kleine Lämpchen auf den Tischen und weiße Stofftischdecken hatten. Prompt werden dann weitere Kindheitserlebnisse beim Bahnfahren ausgepackt und der Smalltalk bekommt jene echte Klasse, die es in den Zügen auch in der ersten leider nicht mehr gibt.

- Die Angst vorm Fliegen ist kein Smalltalkthema. Es ist vielmehr ein dringender Anlass für Smalltalk, denn nichts hilft den armen Flugängstlichen besser, vor allem über den Start hinweg, als ein Gespräch, bei dem keiner abstürzen kann – allzu tief soll es ja nicht sein. Bedürftige erkennt der einfühlsame Experte daran, dass sie sorgsam den Blick aus dem Fenster vermeiden, sich meistens an Gangplätzen aufhalten und sich an einer Zeitung oder Zeitschrift festklammern, in der sie verzweifelt nach Ablenkung suchen. Das Wetter ist in dieser Situation leider kein empfehlenswertes Thema. Nachdem vor dem Abflug keiner umhinkommt, wenigstens die Schlagzeilen zu lesen, lässt sich darauf gut anspielen; Abstand nehmen davon sollten Sie, wenn es dort um einen Flugzeugabsturz geht. Aber es gibt auch nahe liegende Themen: Nehmen Sie das Bordmagazin aus dem Netz, blättern Sie darin und fragen: »Wie finden Sie das eigentlich? Ich sehe so selten, dass ein Fluggast das liest.« Oder Sie machen sich laut Gedanken über das Outfit der Stewards und Stewardessen, das in fast allen Fällen mehr bekleidet als kleidet. »Wenn Sie Designerin wären, wie würden Sie das Bordpersonal anziehen?«

Das einzige Problem beim hilfreichen Smalltalk mit dem Flugängstlichen: Er kann gegen Ihren Willen zum

Bigtalk geraten, wenn Sie ihn zu Beginn eines Überseeflugs anzetteln und der Patient Ihre hilfreiche Hand gar nicht mehr loslassen will bis nach der Landung. Für solche Fälle führen Profis immer einen wirklich brillanten Krimi mit sich. Und beherrschen die Kunst, den jeweiligen Bordfilm als rasend spannend zu empfehlen, auch wenn ihnen dabei im Kino die Füße eingeschlafen sind.

Beim Umtrunk im Büro

Bürogemeinschaften sind Zweckgemeinschaften und der Zweck endet mit der täglichen Arbeitszeit. Zur allgemeinen Erleichterung. Gerade dort, wo der Teamgeist ständig beschworen wird, ist dieser dringend erholungsbedürftig ab 17 Uhr. Eingedenk dieser Tatsache verwunderlich, dass die so genannten Führungskräfte immer wieder in Versuchung geraten, aus irgendeinem windigen Anlass ihre Mitarbeiter in den offiziellen Räumen zu einer privaten Versammlung zu bitten, die sich meistens Umtrunk nennt. Ob es um einen Geburtstag geht, eine Erfolgsmeldung, um die üblichen vorweihnachtlichen Feierlichkeiten, um einen Abschied, ein Jubiläum oder die Begrüßung eines neuen Mitarbeiters: Auf einmal hängen Kollegen aufeinander, die sonst nichts oder kaum miteinander reden. Weil sie sich nichts zu sagen haben oder einander nichts sagend finden. Vielleicht auch nur aus Mangel an Gelegenheit.

Selbst dort, wo ganz locker regelmäßig beim eingekauften Mittagessen am großen Tisch im Büro Besprechungen stattfinden, löst die Ankündigung eines Umtrunks meistens eher ungemütliche Empfindungen aus.

Da stehen sie dann, mit einem Glas in der Hand, trauen sich weder über den Chef oder die Chefin zu lästern noch einen Stoßseufzer abzulassen über den Ärger am überstandenen Tag. Auch inhaltlich steht die Situation der Offenheit im Wege. Reden Sie begeistert von Ihrer geplanten Weinreise durch Burgund, könnte es ja nachher irgendwo heißen, Sie seien Alkoholiker. Über die Grippe der Kinder daheim wollen Sie auch nichts erzählen, sonst hält Sie jeder für eine Bakterienschleuder. Und über Ihre Begeisterung fürs Golfen erst recht nicht, sonst meinen die anderen, Sie seien ein elitärer Wichtigmacher oder hätten reiche Eltern im Kreuz. Wenn Sie sich aufs Fragen verlegen, wird es auch nicht einfacher, denn andere haben die gleichen Hemmungen wie Sie, etwas aus ihrem Privatleben auszuplaudern, was Anlass zu missverstehbaren Deutungen geben könnte. Plötzlich wird ein Informatiker als Esoteriker gehandelt, weil er erzählt hat, dass er gerne Raumdüfte aus ätherischen Ölen komponiert und morgens Yoga macht.

Ergebnis der allgemeinen Scheu, etwas von sich preiszugeben: Die lockere Runde wirkt so entspannt wie bei einer Prüfung.

Dagegen hilft nur eins: sich genau darüber zu amüsieren.

»Irgendwie sehen wir hier alle aus, als würden wir lieber heimgehen. Was wartet denn auf Sie zu Hause?«

»Oh Gott, ich müsste dringend aufräumen, weil wir übermorgen Gäste haben.«

»Und was gibt es?«

»Ich koche was mit dem Wok.«

»Haben Sie da Erfahrung? Meiner steht seit Jahren unberührt herum.«

Ungefährlich ist auch das Thema Sport. Langlauf, Squash oder Tennis, Reiten oder Gymnastik, Yoga oder Fitnesstraining im Studio? Auf Sportplätzen stehen keine Fettnäpfe herum, da können Sie sich ziemlich frei bewegen, zumal keiner Hemmungen hat, wenn der Feind mithört, denn alles, was damit in Zusammenhang steht, macht sich gut. Gesundheitsbewusste Mitarbeiter sind immer willkommen. Sollten Sie oder Ihr Gesprächspartner aber den Passivsport vor dem Fernseher allen schweißtreibenden Aktionen vorziehen, schalten Sie hurtig um – zum Thema Fernsehen, zum Beispiel. Wenn Sie fragen, was der andere am liebsten ansieht, werden das selbstverständlich nur Wissenschaftssendungen sein, nach denen Sie sich besser nicht im Detail erkundigen. Mehr Stoff bieten da die jeweiligen Reizthemen von Big Brother bis zu Harald Schmidt. Dazu hat jeder eine Meinung und teilt sie meistens auch begeistert mit. Aber bitte forschen Sie nicht nach dem Fernsehverhalten der Partner oder Kinder und all dem, was sich rund um den Kasten an Debatten ergibt. Denn das Thema Familienkrisen ist für den Bürosmalltalk fast so ungeeignet wie finanzielle Engpässe.

Passend ist jeder Stoff, bei dem der Kollege, Angestellte, Untergebene oder auch Vorgesetzte vorführen kann, wie viel tiefer und aufregender er doch ist, als Sie und alle anderen meinen. Wenn das scheue blasse Wesen, das Sie nur als Programmierer kennen, sich zu erkennen gibt als Mitglied einer Laienschauspieltruppe oder die brave Sekretärin als Fallschirmspringerin.

Sie selbst nutzen als kluger Smalltalker den gefürchteten Umtrunk natürlich auch dazu, Ihre anderen Seiten zu zeigen. Selbstverständlich nur die schokoladenen.

In einer fremden Familie

»Das Familienleben«, hat Karl Kraus gesagt, »ist ein Eingriff ins Privatleben.« Trotzdem lässt es sich meistens nicht ganz vermeiden. Und führt zu Ereignissen, zu denen die Einladung bereits wie eine Drohung klingt. Gemeinhin werden sie Familienfeiern genannt oder auch »Geselliges Beisammensein«. Dabei geht es immer um Menschenansammlungen, die nicht durch innere Neigung, sondern durch äußere Umstände zusammenkommen. Meistens auch noch in Räumlichkeiten, die zwar das Zusammenkommen ermöglichen, das Näherkommen aber durch ihre Trostlosigkeit verhindern: Hinterzimmer von Restaurants, die nach den Feiern miefen, die darin abgehalten wurden. Meistens handelt es sich um so genannte Familienfeiern. Während sich die Familienbande schon deswegen irgendetwas zu sagen hat, weil sie eine gemeinsame Vergangenheit besitzt, fühlen sich diejenigen Gäste, die von außen kommen, oft auch außen vor. Bei Hochzeiten sind meistens genügend Freunde da und es bildet sich die übliche Zwei-Parteien-Party. Aber bei Verlobungen, Geburtstagen oder Examensfeiern, auch bei Taufen – da dominiert der Clan und Freunde fühlen sich hilflos und nutzlos, auch wenn sie Pate spielen oder der wichtigste Verbündete im Gang durch die Prüfungen waren.

Selbst wenn auf einschläfernd lange und tödlich ernste Festreden verzichtet wird, ist jeder, der in eine solche Falle gerät, von Langeweile umzingelt. Und weiß nicht, was er zum Tischnachbarn sagen soll. Denn mit dem teilt er wenig, meistens nur die gemeinsame Bekanntschaft mit dem Freund oder der Freundin. Und über den oder die zu reden ist nahe liegend, aber nicht unbedingt ratsam. Denn manches, was Sie voneinander wissen, ist für Ihr Gefühl ganz normal, für das älterer Verwandter in der Provinz kann das unmoralisch, abartig oder pervers sein.

Mancher vergnügte Erlebnisbericht trifft ins Schwarze der familiären Sorge. »Wir haben uns in einer Disco kennen gelernt, wo wir beide dasselbe Mädchen aufreißen wollten. Als wir es geschafft hatten, sind wir dann zu dritt im Bett gelandet.« Sie sehen den Schrecken im Gesicht der Tante. »Aber ohne Sex zu machen«, fügen Sie hinzu. Der Schrecken weicht nicht. »Dazu waren wir viel zu besoffen.« Auch wenn die Freundschaft auf einer höchst ehrenwerten Demonstration gegen Atomkraft entstanden ist, kann es zu unerwünschten Reaktionen führen, wenn Sie das dem Patenonkel berichten.

Klüger also, sich da aufs Fragen zu verlegen und etwas über die Kindheit des Freunds zu erfahren – aus dem Blickwinkel eines Menschen, der ihn ganz anders erlebt als Sie. Was hat er als Kind für Marotten gehabt? Was wollte er werden? Was hat er am liebsten gegessen?

Oder Sie erkundigen sich, wenn das gesellige Beisammensein nicht an Ihrem Wohnort stattfindet, über die Gegend hier. Wofür ist sie berühmt, was wächst hier, welche Industrie gibt es und welche Spezialitäten? Essen ist in diesem Zusammenhang ein Thema, das jedem schmeckt, denn dazu kann jeder Mensch unabhängig vom Bildungsgrad etwas sagen.

Schwieriger wird der Smalltalk in einer fremden Familie, wenn das Ihre werden soll. Wenn Sie also zum ersten Mal bei den Eltern Ihrer oder Ihres Zukünftigen gastieren. Denn da wollen Sie einerseits zeigen, dass Sie eine gute und Vertrauen erweckende Partie sind, andererseits natürlich schnuppern, ob Ihnen der Stallgeruch hier behagt oder ob Sie auf dem Heimweg gestehen müssen, dass Sie von vornherein Besuche in diesem Haus auf ein Minimum beschränken werden. Der kluge Smalltalker vermeidet auch hier, allzu viel aus dem gemeinsamen Dasein mit der oder dem Liebsten auszuplaudern. Und verlegt sich lieber drauf, von dem Partner zu schwärmen, seine enormen Leistungen, seinen Fleiß, seinen Einsatz und seine allgemeine Beliebtheit zu loben.

Das hören Eltern immer gern. Wenn nicht, wissen Sie zumindest, warum Ihr Lieblingsmensch so ungern nach Hause reist.

Es gibt potenzielle Schwiegersöhne und -töchter, die beim ersten Besuch die Vermögensverhältnisse der neuen Verwandtschaft erkunden. Das ist zwar ökonomisch klug, macht aber dennoch keinen positiven Eindruck. Wenn schon Sachfragen, dann besser zum Haus: »Seit wann wohnen Sie hier? Wie groß ist denn Ihr wunderschöner Garten? Und wer kümmert sich um ihn?« Auch Fragen zu besonderen, am besten antiken Einrichtungsgegenständen kommen gut an, denn an jedem hängt eine Geschichte. Kann allerdings sein, dass Sie hier bereits mitbekommen, wie es zwischen den werdenden Schwiegereltern steht. »Was? Du willst den Schrank gekauft haben? Stimmt doch gar nicht, du wolltest den nie. Den habe ich mit dem Geld bezahlt, das ich von Tante Sophie geerbt habe.« In solchen Fällen wechseln Sie rasch das Thema. Und beschließen, sich mit Ihrem Lieblingsmenschen bei nächster Gelegenheit mal über den Erhaltungszustand dieser Ehe zu unterhalten.

Beim Elterntreffen

In einem Punkt belügen fast alle Eltern ihre Kinder: Sie behaupten, die Schulzeit sei schön gewesen. Entsprechend hart kommt es sie an, wenn sie dann wieder in die Schule gehen müssen, diesen Geruch einzuatmen und nicht nur mit Lehrern reden zu müssen, sondern auch mit Leuten, mit denen sie nur das Schicksal verbindet, sich vermehrt zu haben. Und das ist kein seltenes.

Weil kaum jemand in der Öffentlichkeit zugibt, mit der eigenen Brut Schwierigkeiten zu haben, wird nicht einmal Erfahrungsaustausch betrieben. Dabei wäre es durchaus beruhigend zu hören, dass andere Mütter von ihren Töchtern in der Pubertät ebenfalls mit allen Mitteln bekämpft werden, um sich dann mit Bette Davis zu trösten, die sicher war: »Wenn du von deinem Kind niemals gehasst worden bist, bist du niemals wirklich Vater oder Mutter gewesen.« So aber dümpelt das Gespräch ganz an der Oberfläche dahin. Denn je kleiner die gemeinsame Schnittmenge an Interessen ist, desto schwieriger der Smalltalk. Eine große Schnittmenge allerdings findet sich in den Interessen der Kinder. Alle Eltern haben sehr viel Arbeit mit der Freizeit ihrer Nachkommen. Die Kosten dafür steigen ständig und die Unfallverhütung wird zunehmend komplizierter. Und damit auch die Frage: Wie viel kann und wie viel muss ich verbieten? Vor allem aber: Was bringt's? Die Umgehungsmethoden gewitzter Jugendlicher sind vielgestaltig. Und der Austausch darüber ist äußerst lehrreich.

Eltern, die ratlos sind, wie sie der Tochter das Piercen ihrer süßen Nase ausreden sollen oder dem Sohn die Tätowierung, stoßen beim Elternabend auf Menschen, die sich mit demselben Problem herumschlagen. Die vielleicht einen Trick gefunden haben, durch bestimmte Abkommen die Aktion so weit hinauszuzögern, dass bis dahin eine gewisse Einsichtsfähigkeit zu erwarten ist oder eine neue und weniger entstellende Mode. Vielleicht ist auch irgendein Vater drunter, der selbst so eine Jugendsünde am Arm trägt und äußerst plastisch vermitteln kann, wie viel Missverständnisse ihm das schon gebracht hat und er viel gegeben hätte, sich nicht damit verschandelt zu haben. Als Vater oder Mutter können Sie nie zu viele Argumente haben, also sammeln Sie beim Elternabend. Gegen das Handy für einen Zehnjährigen, für einen Urlaub im Landesinneren statt am Meer, gegen das Rasieren des Schädels, fürs Klavierüben. Sie werden es brauchen. Denn Kinder wetzen ihre Argumentationsfähigkeit an den Eltern. Und zwar messerscharf.

Rüsten Sie also an diesen Abenden auf. Diskutieren Sie aber keinesfalls Erziehungsprinzipien. Denn da findet jeder seine die einzig wahren. Und alle Kinder finden das Gegenteil.

Im Lift

Mit gesenkten Köpfen stehen sie stumm beieinander. Menschen, die so viele Stunden miteinander verbracht haben, die so vieles teilen – und nun auch das. Wieder ist einer von ihnen gegangen. Und sie betrachten nur schweigend ihre Schuhe und denken nur an eins: an das baldige Ende.

Nein, es geht um keine Beerdigung, es geht um Leute im Lift – Kollegen im Büro oder auf der Station. Nur wenn einer aussteigt, fällt je nach Tageszeit und Region eine einzelne Vokabel aus den sparsamen Mündern: Morgen, Mahlzeit, Abend oder Tag. Wobei Mahlzeit die mit Abstand schlimmste ist. Spiegel-Herausgeber Augstein soll sich vor diesem ranzigen Gruß so gegraust haben, dass er sein Büro nie um die übliche Kantinenstunde verließ.

Die Situation im Lift macht selbst vertraute Menschen hilflos bis sprachlos und der legendäre heiße Quickie dort ist eine Erfindung, die das miserable Image des Aufzugs verbessern soll. Die einzigen schnellen Nummern, die dort stattfinden, sind Smalltalks: Die müssen notgedrungen kurz sein. Es sei denn, Sie führen wie ihr Smalltalkpartner in den 50. Stock eines Wolkenkratzers und auf jeder zweiten Etage stiege jemand aus oder ein.

Betriebspsychologen, die sich schon mal um die einfühlsame Gestaltung von Betriebsausflügen kümmern, verweigern leider dem Lift ihre Zuwendung. So dass dort üblicherweise eine Beleuchtung vorzufinden ist, in der frisch heimgekehrte Südseeurlauber wie Wasserleichen ausschauen. In teuren Hotels, wo man sich die Klientel erhalten muss, sorgen sanftes Licht und getöntes Spiegelglas für jene Abmilderung der Wirklichkeit, die wir gerne als Wahrheit hinnehmen. In Bürohäusern aber wird ebenso wie in Krankenhäusern oder den meisten Wohnhäusern der Fahrgast bereits auf leeren Magen geschockt mit seinem Spiegelbild, was die Arbeitslust nicht eben steigert. Umso wichtiger also, hier durch Smalltalk von deprimierenden Selbstreflexionen abzulenken.

Auch ein verliebtes Paar, das einander soeben noch im gnädigen Kerzenlicht des Restaurants ins blinkende Auge geblickt hat, muss gegen die radikale Ernüchterung der Aufzugsstimmung etwas unternehmen, wobei Küsse und Umarmungen die einfachste Methode sind. Leider steht die anderen nicht zur Verfügung. Also heißt es reden. Aber wer fängt mit wem den Dialog an, wenn mehrere Personen im Lift stehen?

Am leichtesten fällt der Einstieg beim Einsteigen, wenn ohnehin ein Gruß fällig ist. Denn wenn die Fahrgemeinschaft erst einmal einige Sekunden still und schweigend beieinander gestanden hat, kostet es etwas mehr Überwindung, anzufangen.

Am besten beginnen Sie den Smalltalk mit der Person, die am nächsten bei Ihnen steht. Oder, falls die ihren Blick so artig gesenkt hat wie eine züchtige Klosterschülerin im Film, mit derjenigen, die Sie offen und vielleicht sogar freundlich ansieht. Außer den Risiken und Nebenwirkungen des Wetters sowie dessen Auswirkungen auf das Verhalten der Städter im Straßenverkehr gibt natürlich morgens eine gerade erst im Rundfunk, Fernsehen oder der Zeitung gefrühstückte Meldung ein Thema vor. Nein, Sie sollen Ihr Engagement für Notleidende nicht dadurch demonstrieren, dass Sie einen Smalltalk über die Erdbebenopfer in Südamerika anzetteln. Oder die schwer verdaubare Frage aufwerfen, wie ein verschütteter Mensch eine Woche ohne Wasser überleben könne. Auch aktuelle Meldungen über das Sexualverhalten prominenter Sportler oder TV-Helden sind für den verbalen Lift-Quickie ungeeignet. Aber dass Kinder sich am Vorabend in Buchhandlungen haben einschließen lassen, um heute am Erscheinungstag als Erste den neuesten ›Harry Potter‹ zu ergattern, ist ein gutes Thema. Nur übers Eingeschlossensein selber oder über Meldungen von stecken gebliebenen Liften sollten Sie nicht reden. Es sei denn, sie wären Psychiater.

Im Treppenhaus

»Treppenwitz« ist ein Ausdruck, der einiges verrät. Und es ist kein Wunder, dass niemand vom Liftwitz redet. Denn nur die entspannte Situation auf der Treppe, wo jeder frei über die Aufenthaltsdauer bestimmen kann, lässt diese Sorte Witze entstehen, die ein Problem von der Kehrseite betrachten, nicht aus den Vorzeigezimmern der Wohnung, sondern vom Treppenhaus aus. Leider sind Häuser, in denen man sich noch auf der Treppe trifft, in Großstädten selten geworden und Treppenwitze vom Aussterben bedroht.

Kluge definiert im ›Etymologischen Wörterbuch‹ den Treppenwitz als »Vorfall, der einen größeren Zusammenhang auf groteske Weise beleuchtet (19. Jh.). In der heutigen Bedeutung abhängig vom Titel des Buches ›Treppenwitz der Weltgeschichte‹ von W. L. Hertslet (1882).«

Und wirklich ist das Treppenhaus ein Ort, dessen eigentümliche Atmosphäre inspirierend wirkt und anregt, im Vorbeigehen kleine Kommentare zu großen Ereignissen abzusondern. Es ist letztendlich ja ein Niemandsland zwischen Daher und Dahin. Es ist unumgänglich, aber nicht zum Verweilen gedacht. Es ist ein Treffpunkt aller, die im Haus wohnen, und doch trifft man sich niemals vorsätzlich dort. Das Treppenhaus macht alle Menschen gleich, keiner kann einen weiten Bogen um den machen, der ihm entgegenkommt – weswegen es noch bis ins 20. Jahrhundert hinein in herrschaftlichen Häusern zwei Treppenhäuser gab, das enge, hintere, schmucklose, dunklere und steilere natürlich fürs Personal.

Und wahrscheinlich wurden gerade auf den Personaltreppen die besten Treppenwitze erfunden, denn in dem Dämmer dort, sicher vor den Ohren der Herrschaften, ließ sich besonders gut lästern.

Auch heute wird in den Treppenhäusern noch gerne über andere Hausbewohner geredet, obwohl das, wenn nur eine Treppe für alle da ist, nicht unriskant ist. Solange derjenige nicht zerlegt wird, sondern die Sorge um ihn Anlass ist, hat der Treppensmalltalk durchaus seine soziale Funktion. Verhindert er doch jene entsetzlichen Folgen der Anonymität, die dann in Schreckensmeldungen wie »Rentner lag vier Wochen tot in seiner Wohnung« enden.

Treppenwitze galten aber – und da sind wir wieder beim Personal – meist denen da oben, auch im erweiterten Sinn: den Regenten, den Befehlshabern.

Und da wird heute immer noch auf der Treppe mehr Witz entfaltet als in irgendeinem Aufzug und auch mehr an Witzen weitererzählt, lässt doch die intime Gemeinschaft dort eine ganz andere Freiheit und Frechheit zu.

Ein guter Witz ist also durchaus ein Smalltalkthema, wenn Sie den Hausmitbewohner halbwegs kennen. Mit Fremden ist, vom Gruß abgesehen, sowieso kein Wortwechsel nötig im Treppenhaus – wozu auch. Man ist ja nicht zusammengesperrt wie im Lift.

Die mittlerweile weitgehend abgeschaffte Sitte der Kehrwoche, die wöchentlich eine andere Partei für die Reinigung des Treppenhauses verantwortlich machte, verlieh dem Smalltalk eine zusätzliche Bedeutung: Die einsam vor sich hin putzende Hausfrau (Hausmänner und Kehrwoche treffen selten aufeinander) wurde aufgeheitert durch den kleinen Ratsch der Vorbeigehenden, bei denen sie sich mit der gleichen Münze in den folgenden Wochen revanchieren konnte.

Selbstverständlich sind beim Kehrwochen-Smalltalk die Familie, der Haushalt, die Überlastung, das Kreuzweh oder die geschwollenen Beine ein Thema.

Aber Kluges ›Etymologisches Wörterbuch‹ verrät uns

auch, dass es eine ältere Bedeutung des Wortes »Treppenwitz« gibt, die auf einer Lehnübersetzung des französischen »esprit d'escalier« beruht. Eigentlich müssten wir dazu Treppeneinfall sagen. Gemeint war damit nämlich das, was einem Bittsteller auf der Treppe einfällt; entweder beim Hinaufweg, was er sagen und wie er es formulieren sollte – oder beim Hinunterweg, wo ihm kommt, was er hätte antworten sollen. Diese Art von Selbstgespräch, scheint es, sei für einen Smalltalk kein nützlicher Hinweis. Ist es aber doch. Wenn Ihnen auf der Treppe jemand mit einem großen Korb Spargel entgegenkommt, können Sie darüber plaudern, wo es den besten oder den billigsten gibt, ob Abensberger besser ist als Schrobenhauser, spanischer besser als französischer, ob es Sinn ist oder Unsinn, mit einem Sparschäler zu schälen, ob kleine Pfannkuchen besser dazu passen als Pellkartoffeln, wo guter Geflügelschinken verkauft wird und wie man aus dem Kochwasser mit etwas Bruchspargel eine Spargelsuppe macht. Genauso kann es aber auch um Kalorien, um Frühlingsdiät oder Küchenarbeit gehen. »Wer schält bei Ihnen?«

Trifft man Sie mit einer prallen Tüte Kleider für die Reinigung, lassen sich leidvolle Erfahrungen über dieses an Leid reiche Gewerbe austauschen, die jüngsten Erlebnisse mit verbügelten Jacketts und den Ärger über den unangenehmen Geruch gereinigter Klamotten, lässt sich vielleicht eine wirklich gute Adresse erfragen oder auch ein Trick, welche Flecken man besser selbst entfernt. Und vom Ärger über die chemischen Reinigungen lässt sich schnell wechseln zum Thema gestiegene Kosten und wie man denen entgeht. »Ich kaufe nur noch Kleider, die ich in die Waschmaschine stecken kann.«

Dieser Treppen-Esprit ist schon deswegen anzuraten, weil er den Weg ebnet zu jenem pragmatisch-freundschaftlichen Kontakt, der immer wieder Stress erspart. Haben Sie auf der Treppe nie mehr als einen Gruß ausgetauscht oder übers Wetter geplaudert, dann fällt es schwer, beim Nachbarn abends zu klingeln und sich Mehl, Butter oder Knoblauch auszuleihen. Auf der Treppe kommt man sich näher als im Lift. Nicht körperlich, aber menschlich.

Auch das ein Grund, den Lift immer wieder zu umgehen.

In der Theater- oder Konzertpause

Es ist wie in der großen Pause in der Schule: Je ärgerlicher die Stunden davor waren, desto notwendiger die Entladung. Wer in Konzert- oder Theaterpausen auf Bekannte trifft, nimmt die Gelegenheit also freudig wahr, alles das loszuwerden, was er sich gedacht und im Kopf bereits formuliert hat.

»Ich sage immer, dieser Kroetz macht Theater für Deppen«, sagt er.

Und seine Begleiterin sekundiert. »Als ein Mensch, der ein bisschen Ahnung von Dramentheorie hat, muss man ihn einfach entsetzlich stümperhaft finden.«

Die beiden anderen haben sich bestens unterhalten, wie bei jedem Kroetz-Stück, das sie gesehen haben, und hatten ihre Lust an der satten Sprache. Aber die Kritikaster sind nun mal Berufstheatergänger

»Und Sie, wie haben Sie's gefunden?«, will der Kroetz-Verächter wissen.

»Also die schauspielerische Leistung war ja beeindruckend.«

»Beeindruckend? Klar, beeindruckend schlecht. In jeder Hinsicht, was?«

»Ich hole nur ganz schnell mal etwas zu trinken für uns«, tritt der Kroetz-Liebhaber die Flucht an. »Ich komme mit«, hängt sich seine Freundin an, aus Furcht, nun alleine dem Hagel der Kenner ausgesetzt zu sein.

Als die Klingel das Ende der Pause einläutet, sagt der kennerhafte Mann zu seiner kennerhaften Frau: »Komisch, dass die beiden sich nicht mehr gezeigt haben.«

Der Meinungsaustausch beim Pausensmalltalk ist nicht zu verhindern. Wenn aber das Urteil im Ton eines Richterspruchs (letzte Instanz) verkündet wird, ist die Smalltalkstimmung auch so heiter wie im Gerichtssaal. Der kluge Smalltalker hält sich mit einem Urteil erst einmal zurück und lockt die Meinung der anderen heraus. Und baut in seine eigene ein paar Not- und Hinterausgänge ein. »Für mein Gefühl hat der Sopran in der Höhe ziemlich scharf geklungen. Aber ich bin ja kein Fachmann. Und vielleicht war die Gute einfach indisponiert.«

Doch auch für den geschulten Smalltalker ist es ein Problem mit Leuten zu reden, die sich als Halbprofessionelle fühlen. Die neigen nämlich außerdem dazu, ihre Kompetenz aufzuklappen wie Leporello das Register des Don Giovanni.

»Haben Sie diese sensationelle ›Möwe‹ von Bondy in Wien angeschaut? Also das muss man einfach gesehen haben«, schwärmt sie.

»Ja, Schatz, aber noch besser fanden wir doch diesen Bernhard in Berlin«, fällt er ein. »Da waren Sie doch sicher!«

Wenn Sie selbst ein rundum informierter Kenner sind, lassen Sie beim Pausentalk andere davon profitieren. Verraten Sie, dass es klug ist, jetzt bereits Karten für eine aufregende Neuinszenierung zu bestellen, dass das restlos ausgebuchte Konzert wiederholt wird, mit welchen Tricks man noch in die euphorisch besprochene Performance reinkommen kann.

Pausengespräche sind dann erfreulich, wenn man sich den anderen verbunden fühlt – und vielleicht sogar verbündet. Wenn sie nur für die exhibitionistischen Nummern der Bescheidwisser herhalten müssen, werden sie zur Folter. Und es ist Ihr gutes Recht, berüchtigte Folterknechte geflissentlich zu übersehen.

Denn um eine Einsicht kommen Sie auch als vollendeter Smalltalker nicht herum: Sie können zwar mit jedem Menschen ins Gespräch kommen. Aber Sie sollten bedenken, in welchem Zustand Sie herauskommen.

Es ist zwar Ihr Recht, nicht hinzuhören. Aber es ist eleganter, sich dann gar nicht erst darauf einzulassen. Den Ruf, ein guter Smalltalker zu sein, erwerben Sie sich nämlich nicht so sehr durchs Reden als durchs Schweigen und Zuhören.

Dass aufmerksame Zuhörer eine Kostbarkeit sind, ist eine alte Erkenntnis.

Der weise Narr Nasar-eddin Hodscha wollte auf dem Markt einen Truthahn verkaufen und stellte sich neben einen Händler, der seinen Papagei für zehn Pfund verkaufen wollte. Nasar-eddin Hodscha verlangte für seinen Truthahn zwanzig.

»Bist du wahnsinnig?«, fragte ein Marktbesucher den Narren. »Der Papagei kann sprechen und kostet zehn und dein toter Truthahn das Doppelte.«

»Der kann auch mehr als sprechen«, sagte Nasar-eddin Hodscha, »der kann zuhören.«

ABC der Härte-, Problem- und Notfälle

Apostel. Sie glauben fest und unverbrüchlich daran, dass das Heil, die Erhellung, die Erlösung nur von dort kommt. Von wo? Das kann das Naturkosthaus sein oder ein Psycho-Guru, der Rebirthing praktiziert, ein Trendprophet, der Trendletters verschickt, eine Karten legende Wahrsagerin oder ein Heilpraktiker, der sich Heiler nennt, ein Buchautor, der die Wunderwirkung von Trennkost oder Jogging verkauft. Je einseitiger die Lehre, die das »h« meistens fälschlich statt des zweiten »e« führt, desto fanatischer die Schüler. »Apostolos« heißt im Griechischen der Bote, der Gesandte. Und in dieser Funktion nutzen die Apostel heute jede zufällige Begegnung zur portofreien Weitersendung. Der Smalltalk kommt ihnen gerade recht, denn die Harmlosigkeit des Anlasses ist der weiche Boden, in den sie begeistert ihre Sprösslinge setzen. Das beste Mittel gegen solche Pflanzer ist umfassende Information. Wenn Sie Argumente haben, die den Guru als Scharlatan, das Rebirthing als Humbug und die Kartenlegerin als Betrügerin entlarven, haben Sie zwar gewonnen – aber nicht nach den Regeln des Smalltalks, denn den haben sie damit zu einem Übergewicht verdonnert, das ihm nicht ansteht: Argumente fordern Gegenargumente und aus einem netten Geplänkel wird ein erbittertes Gefecht. Amüsanter und souveräner wirkt es, wenn Sie durch gekonnte Fragen an interessante Neuigkeiten aus jenen Welten kommen, mit denen Sie üblicherweise wenig am Hut haben. Nutzen Sie die Gelegenheit zum Informationsgewinn und benehmen Sie sich wie der Wolf im Schafspelz – lassen Sie sich nicht anmerken, was Sie im Schilde führen. Genießen Sie einfach, von dem Apostel eingeweiht zu werden. Dann geht das wie in der berühmten Geschichte von Kohn und Grün. Beide haben sich vor kurzem taufen lassen und treffen sich zufällig bei der ersten Beichte vor der Kirche. Sie verabreden, dass zuerst der Kohn hineingeht, sich genau umsieht und sich alles anhört und dann wird er Grün im Detail berichten, damit dieser ja keinen Fehler macht. Kohn kniet sich in den Beichtstuhl und auf die Frage, ob er gesündigt habe, antwortet er reumütig: »Ja, ich hab meine Frau betrogen.« Fragt der Priester: »Ja, mit wem denn?« Sagt der Kohn: »Hochwürden, das darf ich nicht verraten, weil ich mein Ehrenwort gegeben habe, darüber zu schweigen.« Fragt der Priester: »War es die rothaarige Marischka?« »Nein, die war es nicht.« »War es die Julischka mit dem runden Hintern?« »Nein, Hochwürden, die war es auch nicht.« »Dann kann es nur die Piroschka mit dem großen Busen gewesen sein.« Kohn verneint auch das und der Priester erteilt ihm zur Strafe keine Absolution. Unverrichteter Dinge kommt Kohn zum Grün hinaus. Der fragt ungeduldig: »Was hast du bekommen?« Und denkt dabei ans Ausmaß der auferlegten Buße. »Gar nichts«, sagt der Kohn, »nichts, außer drei gute Adressen.«

Blockierer. Sie fahren eigentlich nur mit angezogener Handbremse, denn sie wollen nicht, dass es weitergeht. Jede Chance, dass der Smalltalk in Schwung kommt, blocken sie ab. Nicht immer aus Bosheit, meistens nur aus Unsicherheit. Fängt einer an, von dem wunderbaren Wein zu schwärmen, den er aus dem Urlaub in Cahors mitgebracht hat, sagt der Blockierer: »Ich versteh gar nicht, wie man sich so für Wein begeistern kann. Und auch noch stundenlang darüber reden.« Blockierern gelingt es immer, eine Pause entstehen zu lassen. Um dann mit zufriedenem Gesicht darauf zu warten, wie andere sie füllen. Sie retten die Situation am besten, indem sie die letzte Negation in etwas Positives ummünzen. »Wofür begeistern Sie sich denn?« Kann natürlich sein, dass der professionelle Blockierer dann sagt: »Für gar nichts. Begeisterung ist mir suspekt.« Geben Sie an diesem Punkt nicht auf. Fragen Sie nach, seit wann und warum. Und wie der Blockierer es denn empfinde, wenn andere vor seinen Augen in den Taumel der Begeisterung verfallen. Sobald der Blockierer ins Erzählen verfällt, sind alle Blockaden beseitigt.

Chauvis. Es heißt immer wieder, sie seien ausgestorben. Das ist eine Legende, die nur hoffnungslose Optimistinnen verbreiten oder die Chauvis selber, die sich natürlich nicht als solche sehen. Die gebildetere Sorte der Chauvinisten verachtet nämlich Chauvinisten, sie halten sich für Philosophen und argumentieren mit dem, was sie im Zitatenwörterbuch unter »Frau« Erfreuliches gefunden haben. »Mit Frauen führe ich gerne einen Monolog«, hat der geniale, aber frauenverachtende Karl Kraus gesagt. »Aber die Zwiesprache mit mir selbst ist anregender.« Da bedienen sich die Chauvis gerne, denn selber sind sie nicht gerade von Einfallsreichtum gepeinigt. Vor allem Nietzsche ist da einfach immer wieder eine wahre Fundgrube. Und schon lässt sich das Ganze als Philosophie verkaufen. Die simplen Chauvinisten sind von plumper Eindeutigkeit. Die raffinierten von milder Herablassung. »Und Sie, junge Frau, verdienen ein bisschen was mit Schreiben dazu?«, fragt da einer eine Autorin, die jedes

Jahr das Doppelte vom Einkommen ihres Mannes verdient. In diesem Fall sind Zahlen nützlich. Ganz bescheiden »Ja, so um die 300.000 Mark« zu sagen, bringt mehr als hitzige Diskussionen. Ironie prallt an echten Chauvis ab wie ein Vollgummiball von der Wand. Schon allein deswegen, weil sie aus vielen Zitaten wissen, dass Frauen weder Ironie noch Humor kennen. Nur mit Information ist auch ihren altbekannten Themen zu entkommen, was Frauen alles nicht können mangels durchdringender geistiger Fähigkeiten. »Es ist ja kein Wunder, dass es keine weiblichen Komponistinnen gibt.« Da reicht es, wenn Sie ein einschlägiges Buch wie ›Komponistinnen vom Mittelalter bis zur Gegenwart‹ von Eva Weissweiler mal quer gelesen haben. Nur naive Frauen unternehmen während eines Smalltalks den Versuch, den Chauvi zu bekehren oder auch nur zu überzeugen. Kluge lassen ihn auflaufen. »Es heißt immer, Männer hätten Probleme mit einer weiblichen Vorgesetzten. Das ist doch wohl eine Unterstellung, oder was meinen Sie?«

Dulder. Immer und überall sind sie das Opfer, weil sie niemals widersprechen würden. Als Smalltalkpartner sind sie nur für Egozentriker und andere Selbstdarsteller geeignet, alle anderen schlafen im Stehen ein. Denn der Dulder lässt einfach alles über sich ergehen, nickt, sagt an den richtigen Stellen Ja oder Nein. Er hat eigentlich zu nichts eine Meinung, weil es heißt, die müsse man dann verteidigen, und das ist ihm zu anstrengend. Er funktioniert nach dem Prinzip, das dem früheren Münchner Oberbürgermeister Kiesl unterstellt wurde; der soll in entschiedenem Ton betont haben, durchaus nicht nur ein Wurmfortsatz seines Parteivorsitzenden zu sein: »Also der Strauß hat seine Meinung. Und ich hab seine Meinung.« Der Dulder selbst gibt seine Anpasserei natürlich als Friedfertigkeit aus.

Sitzt ein Mann namens Keller mit seinem Freund im Zug. Da steigt ein Fremder zu, der sich einbildet, den Dulder zu kennen.
»*Guten Tag, Herr Müller*«, *sagt der Fremde*, »*wie geht's Ihnen denn?*«
»*Danke, gut*«, *sagt Keller.*
»*Die Arbeit am Gericht macht noch Spaß?*«
»*Oh ja, danke.*«
»*Und der Frau und den Kindern?*«
»*Auch gut, danke*«, *sagt Keller.*
»*Und was ist mit Ihrem Magenleiden? Haben Sie das jetzt auskuriert?*«
»*Ja, danke*«, *sagt Keller.*
Die S-Bahn hält, der Fremde steigt aus.
Sagt der Freund zu Keller: »*Mensch, spinnst du? Du heißt doch gar nicht Müller.*«
»*Nee*«, *sagt Keller.*
»*Und am Gericht arbeitest du nicht.*«
»*Nee*«, *sagt Keller.*
»*Und Frau und Kinder hast du auch nicht.*«
»*Nee.*«
»*Und ein Magenleiden erst recht nicht.*«
»*Nee.*«
»*Aber warum sagst du das dem Kerl nicht?*«
Meint Keller: »*Warum sollte ich einen Streit anfangen?*«

Der gute Smalltalker rüttelt den Dulder auf, indem er ihn provoziert.
»Es heißt, Sie seien jemand, der sich nie wehrt und sich alles gefallen lässt. Das kann ich mir gar nicht vorstellen.«

Egozentriker. Eine britische Zeitung vermerkte: »Man sah gestern in Brighton James McNeill Whistler und Oscar Wilde beisammen. Sie sprachen, wie üblich, unentwegt über sich selbst.« Der Maler schnitt die Notiz aus und schickte sie dem Dichter mit der Randbemerkung: »Wenn die Journalisten doch genau sein wollten! Wie Sie sich entsinnen, sprachen wir ausschließlich über mich.« Wilde antwortete: »Stimmt, Simmy, aber es scheint Ihnen entgangen zu sein, dass ich dabei ausschließlich an mich dachte.«

Auch wenn diese Anekdote dem Ruf Wildes als guter Smalltalker widerspricht, führt sie vor, wie man sich als Egozentriker zu benehmen hat, will man diesen Ruf verteidigen. »Ich höre durchaus zu«, heißt seine Überzeugung, »allerdings nur, wenn man von mir spricht.« Das Ziel des Egozentrikers ist, allen klar zu machen, dass er am liebsten den interessantesten Gesprächspartner hätte – nämlich sich – und dass er damit auch völlig zufrieden wäre, würden ihn in Gesellschaft nicht andere dauernd beim Selbstgespräch stören. Diese Spezies der bekennenden Ichsüchtler ist allerdings selten. Verbreitet ist der Typ des Egozentrikers, der nicht merkt, dass er einer ist. Auch das ein Symptom, das sich in prominenten Kreisen besonders gerne zeigt. Die für ihre Belesenheit berühmte Madame de Staël besuchte Goethe in Weimar. Der Dichter berichtete danach: »Es war eine interessante Stunde. Ich bin nicht zu Wort gekommen. Sie spricht viel, sehr viel…« Und Madame de Staël, von ihren Freundinnen in Weimar nach ihrem Eindruck von Goethe befragt, meinte: »Ich bin zwar nicht zu Wort gekommen, aber wenn einer so spricht wie er, hört man ihm gerne zu.« Selber merkt man's eben nicht so. Sollten Sie selber jemand sein, der am liebsten von sich selber redet, werden Sie das wahrscheinlich einmal gestoßen bekommen, im glimpflichsten Fall indirekt. Wenn Sie befürchten, sich zu oft um die eigene Achse zu drehen, sind sie bereits kein richtiger Egozentriker mehr. Für alle, die von Egomanie nur passiv betroffen sind, gibt es ein paar Tipps, wie sie aus dem Smalltalksolo ein Ensemble machen. Der einfachste ist, eine unerwartete Rückfrage zu platzieren. Berichtet der Egozentriker, wer alles in ihn verliebt sei, genügt die sanft vorgetragene Frage: »Und in wen oder was sind Sie verliebt?«

Familientiere. Ihre Brieftasche ist prall. Von Fotos. Und in ihren Köpfen bergen Sie eine Sammlung an Anekdoten, die beweist, wie genial ihre Kinder, wie wichtig ihre Eltern und wie einzigartig ihre Haustiere sind. Selbstverständlich erscheinen sie auch zum Smalltalk in voller Bewaffnung, das heißt mit ausreichend Fotos, um eine ganze Smalltalkrunde damit einzudecken, denn sie sind ja sozial und wollen nicht, dass einer außen vor bleibt. Der Versuch, mit Geschichten über die eigenen Kinder etwas entgegenzusetzen, ist von vornherein zum Scheitern verurteilt, denn derart viel Begabung und Originalität können die natürlich nicht haben. Alle Familienmitglieder des Familientiers bis hin zum Hund sind nämlich Rekordhalter. Sprengen Sie diese Familienbande mit der Frage: »Worauf haben Sie eigentlich der Familie zuliebe verzichtet?« Sie werden viele interessante unerfüllte Wünsche und Sehnsüchte erfahren. Bis hin zu einem Urlaub, der absolut kinderfeindlich ist.

Geschmackspäpste. Sie wissen in allen Bereichen des Lebens, was gut ist und was nicht, und halten sich, wie sich das für jeden Papst gehört, für unfehlbar. Ihr Smalltalk besteht vor allem darin, am Rande des Geschehens zu stehen und mitzuteilen, warum wer keinen Geschmack hat. Und sie sind dabei gründlich. Von den Schuhen bis zum Lippenstift, vom Haarschnitt bis zu der Art, sich zu bewegen, wird alles begutachtet und für schlecht befunden. Der Witz der Formulierungen und die Schärfe der Beobachtung sind ein Genuss – für den Geschmackspapst selbst vor allem –, so lange er nicht daran denkt, was passiert, wenn er außer Hörweite ist. Klüger also, ihn auszufragen nach seinen grandiosen Adressen und glorreichen Prinzipien. Mit einem bewundernden Beiwort schließen Sie sein Herz mühelos auf, denn jeder Papst braucht neue Gläubige, um seine Religion in die Welt hinauszutragen »Wo haben Sie diese sensationellen Schuhe her?« Oder: »Wie sind Sie auf die wunderbare Idee gekommen, als Mann eine Brosche zu tragen? Das wagt heute ja kaum mehr einer.« Kann passieren, dass Sie mit milder Verachtung belehrt werden, aber in jedem Fall nehmen Sie von diesem Smalltalk dann ein Kapitel Warenkunde mit und, wenn ihr Gedächtnis gut ist oder sie Schreibwerkzeuge mitführen, einen Einkaufsführer.

Hobbyschauspieler. Sie unterscheiden sich vom echten dadurch, dass sie kein Lampenfieber kennen. Und leider nie Kritiken über sich lesen müssen. Umso ungehemmter machen sie jeden Schauplatz zu ihrer Bühne. Frauen sind in dieser Rolle übrigens besonders häufig anzutreffen, denn die meisten halten sich ohnehin für verkannte Schauspielerinnen und leben das bei jeder Gelegenheit aus. Freizeitschauspieler wollen alles sein, außer sie selbst. Und brauchen auf Partys und Events nichts zum Essen, so lange sie ihren Hunger nach Bewunderung stillen können. Was immer sie zu erzählen haben – sie gestalten es aus. Und der leiseste Applaus verlockt sie zur Zugabe. Kommt keiner, machen sie erst recht weiter. Ihr Dilettantismus zeigt sich vor allem darin, dass sie alles vormachen müssen: sich am Boden wälzen, hinken, spastisch gestikulieren, schielen, sich die Haare raufen und so gehen, wie sie meinen, dass ein Besoffener gehe. In solchen Härtefällen referieren Sie am besten eine Untersuchung, nach der Menschen, die über große sprachliche Begabung verfügen, eine äußerst reduzierte Gebärdensprache hätten. Der berühmte Test: »Beschreiben Sie eine Wendeltreppe.« Oder indem Sie von einem Lieblingsschauspieler erzählen, je nach Geschlecht des Quälgeists ebenfalls männlich oder weiblich, den Sie zutiefst bewundern wegen der Sparsamkeit seiner Ausdrucksmittel. »Der sagt mit einem Zucken in den Mundwinkeln alles.« Oder: »Die bringt dich mit einem einzigen langen Blick zum Heulen.« Stehen Sie zu mehreren zusammen, hilft auch ein absolut solidarisches Ignorieren der unerbetenen Vorstellung, das noch verschärft wird durch ein spannendes Gespräch.

Intellektuelle. Es geht hier um den Typus des Berufsintellektuellen, der sein Selbstwertgefühl aus der Tatsache bezieht, irgendwo Experte zu sein. Nicht ein, sondern der Experte. Wo, lässt sich in kleinen schmalen Sonderdrucken nachlesen, die solche Gäste gerne mit sich führen und noch lieber als Geschenke mitbringen. »Etwas Selbstgemachtes«, sagen sie dann mit bescheidener Koketterie dazu. In einem kleinen Talk lässt sich natürlich die Tiefe ihrer Kenntnisse nie zur Genüge darstellen, so dass sie entweder schweigend dabeistehen und nur durch ihr Mienenspiel zu erkennen geben, wie sehr ihnen dieses oberflächliche Gewäsch gegen den Strich geht. Oder aber sie geben durch verdichtete Sätze zu erkennen, wie viel in ihnen an Wissen schlummert und so gerne wachgeküsst würde. Diese Sätze klingen, als läse jemand aus dem Fremdwörterbuch vor, und das sollen sie auch. Klängen sie vertraut oder gar allgemein verständlich, meinte ja jeder, er könne mitreden. Echte Berufsintellektuelle erkennt man eben daran, dass der Gegenstand, mit dem sie sich befassen, so mausetot ist wie ihre Sprache. Wer im Smalltalk Regie führt, sollte in jedem Fall auf eines achten: dass nicht zwei oder mehr von dieser Spezies aufeinander treffen, denn so friedlich sie als Einzelne sind, so kampfbereit werden sie unter ihresgleichen. »Intellektuelle«, hat Ludwig Marcuse gesagt, »sind seltener wohlwollender gegeneinander als Einheimische gegen Gastarbeiter.« Um einen Einzelnen von ihnen im Smalltalk genießbar zu machen, ohne eine Vorlesung über sich ergehen lassen zu müssen, sollten Sie ein einfaches Rezept anwenden. Jeder Intellektuelle, ob männlichen oder weiblichen Geschlechts, ist sich insgeheim dessen bewusst, dass er gewisse sinnliche Mängel aufweist. Und ist daher hocherfreut, wenn Sie ihm Sinnlichkeit oder gar musische Talente unterstellen. »Sie haben so ausdrucksstarke Hände – spielen Sie Klavier oder Geige?« Oder: »Als Kunsthistoriker haben Sie doch sicher auch mal das Bedürfnis gespürt, selbst zu malen, nicht wahr?« Auch die Kleidung von Berufsintellektuellen bietet oft einen Aufhänger, denn sie versuchen üblicherweise die klassisch intellektuelle Ungeschultheit des Geschmacks (für so etwas haben sie keine Zeit übrig) durch eine bemühte Originalität zu überdecken. So tragen sie gerne statt einer Krawatte gebauschte Seidentüchlein im Hemdausschnitt. »Das ist im Grund klug, denn das trägt sich ja viel angenehmer als so eine Strippe. Wo entdecken Sie die Schals denn – und wie bindet man die?« Wirkt ein berufsintellektueller Smalltalkpartner in irgendeiner Hinsicht körperbewusst, dann fragen Sie als Könner umgehend, wo und wie er sich denn so gut in Form halte. Denn mit großer Wahrscheinlichkeit leidet er unter jener Vorstellung – sei sie Klischee oder nicht –, die der Romancier Jean Giono gnadenlos formuliert hat: »Ein Intellektueller ist ein Mensch, der nicht genug Körper hat, um seinen Geist zu bedecken.« Daher wirkt es bei Berufsintellektuellen auch wahre Wunder, sie einfach ganz unschuldig und wie zufällig beim Gespräch zu berühren. Sollte der Berufsintellektuelle ironieverträglich sein, können Sie auch nach dem ersten Erguss bewundernd bemerken: »Ihre Ausführungen verdienten es, ins Deutsche übertragen zu werden.«

Jungdynamiker. Sie führen vor, dass an ihnen die Zeit ihren Nagezahn ausbeißt. Und vor dieser Vorführung ist keiner sicher. So richtig gut fühlt sich der Jungdynamiker erst, wenn die anderen sich neben ihm alt, verkrustet und in jeder Hinsicht gestrig vorkommen. Der Jungdynamiker hat immer das Neueste, was an elektronischer Technik am Markt ist. Und er ist rund um die Uhr und um den Erdball am Kommunizieren. Mit Menschen seines biologischen Alters umgibt er sich nur gezwungenermaßen, denn sie erscheinen ihm wie Dinosaurier. Er hält es mit der Jugend, kennt ihre Computerspiele, Ausdrücke, Vorlieben und Feindbilder, fährt perfekt Rollerskates, Designer-Tretroller und Mountainbike und tritt auf, dass man ihn für Steven Spielberg halten könnte: ein Genie, das sich unbehelligt vom Alterungsprozess die kindliche Kreativität bewahrt hat – das ewige Wunderkind. Bei dem Wort Reife denkt er an nichts als stinkenden Käse, denn er ernährt sich natürlich nicht wie spießige Gourmets, er hält sich fit fürs Leben, das immer noch vor ihm liegt. Der Smalltalk mit ihm gibt Ihnen und allen anderen das Gefühl, ein Dinosaurier und eigentlich nicht überlebensfähig zu sein. Nicht zukunftsfähig, wie der Jungdynamiker sagen würde. Alles, was es an Möglichkeiten dessen gibt, was einer wie er Antiaging nennt, ist ihm vertraut. »Haben Sie schon mal was von DHEA gehört?«, wird er gefragt. »Nehme ich seit fünf Jahren«, sagt er mitleidig. Wenn das Gespräch auf genetische Experimente kommt, ist er zwar nicht informiert (das merkt ja beim Smalltalk keiner), aber er ist unbedingt dafür, denn sich klonen zu lassen, findet er eine nahe liegende Idee. Die einzige Chance, den Jungdynamiker in den Griff zu bekommen, ist ein klares Bekenntnis zu allem, was er verachtet: zu exzessiven Genüssen und Mozart, zu ausgedehnten Abendessen, zu Kulturreisen und Briefeschreiben, zu Opernbesuchen und Abendspaziergängen, zur Lektüre langer Romane – zur Entdeckung der Langsamkeit ganz einfach. Und zu dem, was das Älterwerden schön macht. Annehmen wird er das alles nicht, aufnehmen vielleicht schon. Und zumindest seine Argumente dagegen machen den Smalltalk zu einer höchst amüsanten Einlage.

Katastrophile. Nichts macht sie so glücklich wie das Unglück, das anderen zustößt. Vielleicht, weil sie selbst nicht besonders glücklich sind, sich im Gegenteil sogar oft vom Pech verfolgt fühlen. Und sich ihre Missgeschicke und Schicksalsschläge auf diese Weise relativieren. Trotzdem irritiert es empfindsame Menschen, in ihren Augen ein freudiges Funkeln zu entdecken, wenn sie von den Katastrophen reden, die andere heimsuchen. Wobei Erdbeben, Feuersbrünste oder Sturmfluten ihnen offensichtlich weniger Lust bereiten als solche Katastrophen, die im näheren oder weiteren Bekanntenkreis passieren. Denn nur dort ist jener Kick gesichert, den die Vergleichbarkeit gibt. Es ist schwieriger als vermutet, einem Gespräch mit ihnen eine positive Wendung zu geben, denn die Katastrophilen entwickeln eine verblüffende rhetorische Begabung, sich von harmlosen oder gar heiteren Nachrichten zu solchen zu hangeln, die ihnen gefallen. »Haben Sie gehört, dass er seinen ersten Roman geschrieben und sofort einen Verlag gefunden hat?« »Ja, aber er hat leider die schlimmsten Verrisse bekommen, der Arme. Das Buch liegt jetzt wie Blei. Und finanziell hat er sich durch die Schreiberei, weil er in der Zeit ja nicht verdient hat, total ruiniert. Der kommt so schnell nicht mehr auf die Beine.« Leichter leben lässt sich zumindest einen Smalltalk lang mit den Katastrophilen, wenn Sie sich klar machen, dass sich hinter all dem ein Leiden verbirgt: Der Katastrophile leidet schlicht daran, sich immer und ewig vergleichen zu müssen. Geben Sie ihm durch Fragen zu erkennen, dass er einzigartig ist, unverwechselbar, interessant – auch wenn er sich vielleicht für banal hält. »Ihre Sensibilität für Hintergründe ist sensationell. Hatten Sie schon mal Ahnungen? Oder prophetische Träume?« Locken Sie die spannendsten Geschichten seines Lebens aus ihm heraus. »Was war die gefährlichste Situation, die sie je erlebt haben?« Oder: »Befiel Sie schon mal das Gefühl, es gebe keinen Ausweg mehr aus einer prekären Situation?« Und betonen Sie bei jeder Schilderung, so etwas noch nie gehört zu haben. »Haben Sie das alles einmal aufgeschrieben?« ist eine Frage, die wahre Wunder wirkt.

Langweiler. »Ein Langweiler«, hat Ambrose Bierce gesagt, »ist ein Mensch, der redet, wenn man wünscht, dass er zuhört.« Sicher ist das Gefährliche am Langweiligsein, dass die, die es sind, das gar nicht merken. Sie lassen einfach alles ab zu einem Thema oder einer Person, was sie zu sagen haben. Und denken nicht daran, diese Suppe mit Witz oder Selbstironie zu würzen. Peinlich ist nur, dass einen meistens solche Leute zum Gähnen bringen, die in irgendeiner Hinsicht ungeheuer wichtig sind. Verwandte oder Vorgesetzte zum Beispiel, auf die man einen guten Eindruck machen will. Und weil ein gelangweilter Mensch so sehr damit beschäftigt ist, die äußeren Anzeichen des Gelangweiltseins zu unterdrücken, fällt ihm nichts mehr ein und er langweilt sein fades Gegenüber ebenfalls. Es gibt natürlich die Schock-Therapie, um den Langweiler aufzuschrecken und zum Zuhören zu nötigen. Sie funktioniert allerdings dem Experiment ihres Erfinders zufolge nicht immer.

Mark Twain behauptete, dass in der New Yorker Gesellschaft keiner dem anderen zuhöre und sich deswegen alle so unsäglich miteinander langweilten. Auf der nächsten Party werde er das beweisen. Er kreuzte mit halbstündiger Verspätung auf und begrüßte die Hausherrin im Kreis der anderen Gäste. »Entschuldigen Sie bitte meine Unpünktlichkeit! Ich musste noch meine alte Tante erwürgen und das dauerte länger, als ich vermutete.« »Reizend von Ihnen«, sagte die Hausherrin, »dass Sie trotzdem gekommen sind.«

Wirkungsvoll sind Zwischenfragen, die den Langweiler aufschrecken, denn er rechnet nicht damit, unterbrochen zu werden. Erklären Sie unvermittelt. »Das ist ja sensationell. Und jetzt verraten Sie mir: Wer oder was steckt dahinter?« Kaum ist der Langweiler aus dem Trott gerissen, verwandelt er sich in einen Menschen.

Bleibt ein Langweiler an Ihnen kleben wie Kletten an den Strümpfen, halten Sie sich an das Rezept des Aristoteles:
Ein wichtigtuerischer Langweiler stellte Aristoteles auf der Straße und quasselte ohne Punkt und Komma auf ihn ein. Irgendwann merkte er dann doch, dass der große Philosoph nicht reagierte. »Entschuldigung, ich habe dir jetzt wirklich viel Zeit gestohlen mit meinen Theorien.«

»Macht nichts«, sagte Aristoteles, »ich habe nicht zugehört.«

Miesmacher, auch Negativisten genannt. Sie sind Meister darin, alles, was gesagt wird, ins Negative zu ziehen. Wenn Sie sagen: »Mein Gott, ist das schön, so ein frühlingshafter Tag mitten im November.« Da sagt der Negativist: »Ist Ihnen eigentlich klar, dass das nur ein Symptom der großen Klimakatastrophe ist, die längst über uns hereingebrochen ist?« Einer erzählt, wie herrlich gestern sein Ausritt war – wahlweise das Tennismatch. »Haben Sie einen guten Orthopäden?«, fragt da der Negativist. »Denn Sie kriegen natürlich die schlimmsten Bandscheibenschäden davon.«

Oder Sie schwärmen: »Sieht sie nicht aufregend aus?« Und hören: »Na ja, sie hat ja auch eine Klamotte an, die alles zeigt.« Lächeln Sie nur und entgegnen: »Das ist schon gewagt, aber es würde Ihnen bestimmt auch ganz fantastisch stehen.«

Wird über einen gemeinsamen Bekannten hergezogen, wirkt die Bemerkung »Aber wissen Sie, dass der ganz begeistert von Ihnen redet?« garantiert entwaffnend.

Kann auch sein, dass Sie das Essen loben. Und prompt zu hören kriegen, wie schädlich dieses cholesterinhaltige Zeug sei. In allen Fällen hilft nur eine Methode: das Negative einfach zu ignorieren. Wird eine harmlose kulinarische Freude vermiest, funktioniert am besten ein vergnügtes »Manchmal bin ich ja richtig froh über meine Unwissenheit. Aber vielleicht lerne ich ja noch was dazu: Wie ernähren Sie sich denn?« Generell hilft es, sich geradezu einen Sport daraus zu machen, jeden Seitenhieb des Negativisten wie eine Gummiwand abzufangen. Mit einer solchen sportiven Einstellung kann so ein Smalltalk durchaus zur Ertüchtigung dienen und Sie spüren hinterher, wie Sie das erfrischt hat.

Namedropper. Sie sind wirklich überall dabei, wo irgendetwas Wichtiges los ist. Wobei der Grad der Wichtigkeit meist daran zu bemessen ist, ob, wie und wie umfangreich über den Anlass in Klatschkolumnen berichtet wurde. Sie kennen die Leute, die dort vorkommen, selbstredend persönlich. Damit man das auch merkt, erwähnen sie die gerne und oft. Und weil sie mit ihnen natürlich auf höchst vertrautem Fuß stehen, zumindest, wenn die Betreffenden nicht anwesend sind, wird gern zuerst nur der Vorname genannt. Fast befremdlich, wenn dann gefragt wird »Boris wie?«. Diese kommunikativen Genies gehören zu einer Gruppe, die man in Österreich trefflich »Adabeis« nennt. Sie besitzen eine Begabung dafür, sich auf das Wesentliche zu konzentrieren. Und das sind selbstverständlich nicht Inhalte, Gespräche oder Anlässe, sondern Menschen, die irgendeine Art von Prominenz genießen. Aber sie beehren gnädig auch solche Events mit ihrer Anwesenheit, bei denen nennenswerte Leute fehlen. Das ist ein Akt der Nächstenliebe und der Verdauung. Irgendwo müssen sie nämlich die ganzen angestauten Namen loswerden, denn dort, wo sich die Prominenten zusammenrotten, ist keiner daran interessiert. Wenn aber lauter No-Name-Fabrikate beieinander stehen, dann ist die Entsorgung wirkungsvoll. Fragt sich nur, wie jemand, der an diesem Ausscheidungsprodukt nicht interessiert ist, den Namedropper loswird oder zumindest am Namenfallenlassen hindert. Hier bewährt sich die sanfte Sabotage durch vorgetäuschte Ahnungslosigkeit. Redet der Adabei von »dem Thomas« und erwähnt nebenbei, dass selbiger Gottschalk heiße, fragen Sie als kluger Saboteur ganz unschuldig: »Und was macht der beruflich so?« Spätestens nach der dritten Wiederholung wendet sich der Namedropper ab, überzeugt, dass Sie seiner Namen gar nicht wert sind.

Originale. Originelle Menschen sind wie Pfeffer im Smalltalk. Originale hingegen versalzen ihn. Sie dribbeln innerlich vor Nervosität, wenn andere reden, denn sie sind nur damit beschäftigt, sich eine neue maßlos originelle Bemerkung auszudenken oder ohne Quellenangabe zu zitieren. Wenn sie damit nicht den gewünschten Erfolg haben, ist ihnen der Stress anzusehen. Sie wollen um jeden Preis einzigartig sein. Und sie sind auch überzeugt, das zu sein, weil sie sich mit dem, was andere so machen, kaum beschäftigen. Sie lesen nicht, was andere schreiben, und halten daher ihre eigenen Gedanken für absolute Weltneuheiten. Nichts ist für sie schlimmer als jemand anderem zu ähneln. »Sie erinnern mich ganz stark an …« Bei diesen Worten fällt die Stimmung des Originals zusammen wie ein Soufflé im Luftzug. Sie empfinden es auch keineswegs als Kompliment, sondern als Beleidigung, wenn ihre Hervorbringungen mit denen von jemand anderem verglichen werden. Am ehesten sind diese Originale zu ertragen, wenn man sie mit jener Aufmerksamkeit freiwillig überschüttet, um die sie so verzweifelt buhlen. »So eine Brille habe ich ja noch nie gesehen.« Oder: »Ist es nicht anstrengend, so eine Ausnahmeerscheinung zu sein? Sie ecken doch sicher bei vielen Durchschnittsbürgern an.« Kaum fühlt das Original sich in seinem Status bestätigt, wird es entspannter, kann sogar zuhören. Und wird auf einmal wirklich originell.

Phrasendrescher. Sie könnten eigentlich Politiker werden, denn es gelingt ihnen, mit unendlich vielen Worten nichts zu sagen. Ihr Schatz an fertigen Redewendungen ist unerschöpflich. Und wird immer wieder durch aktuelle Nullwörter aufgestockt. »So nach dem Motto« ist eine Formulierung, mit der die Phrasendrescher am liebsten jeden Satz einleiten würden, aber sie können auch, da beißt die Maus keinen Faden ab, locker vom Hocker alles ein Stück weit andenken. Sie sind schon deswegen uniquer als andere, weil bei ihnen niemals tote Hose angesagt ist. Jobmäßig spielen sie natürlich in der ersten Liga mit und wissen immer, wer wofür grünes Licht gibt. Und gleichzeitig haben sie es voll drauf, die Seele mal baumeln zu lassen im Hier und Jetzt. Ein Phrasendrescher ist wie ein glitschiges Stück Seife. Machen Sie sich keine Mühe, einen Phrasendrescher in den Griff zu kriegen. Er denkt nämlich, wie er redet – in Hohlformen. Nur einer ist ihm gewachsen: ein anderer Phrasendrescher.

Querulanten. Wenn alles perfekt ist, sind sie unglücklich. Denn nur aus dem Nörgeln beziehen sie ihre Lebensenergie. Sie sind dankbar, wenn das Essen im Flieger nichts taugt, der Champagner in der Business-Class ausgegangen ist, der Wein auf der Stehparty korkt, die Musik nichts taugt, der Service nicht funktioniert, die Heizung in der Bahn nicht richtig geht. Tun Sie dem Querulanten nicht den Gefallen, in sein Gejammer einzustimmen, denn dann wird es noch schlimmer. Er hat nämlich den Ehrgeiz, derjenige zu sein, der am meisten nörgelt. Und hält das für ein Indiz seiner übergroßen Sensibilität und Kritikfähigkeit. Freuen Sie sich im Gegenteil über den guten Käse auf dem Teller, über den ausgezeichneten Cremant, den es statt des Champagners gibt, über die Herzlichkeit und Bemühtheit der Bedienungen, freuen Sie sich so lange, gründlich und ausdauernd, bis er aufgibt, weil er sich irgendwie blöd vorkommt.

Rechthaber. Sie sind sehr rasch daran zu erkennen, dass sie behaupten, es gehe ihnen nicht darum, Recht zu haben. Es gehe ihnen ums Prinzip oder um die Sache. Ob es sich um Kleinigkeiten oder um Wichtiges dreht, sie finden es immer lohnend, als Sieger aus dem Wortwechsel hervorzugehen. Souveräne Smalltalker lassen den Rechthabern die Freude, Recht gehabt zu haben, dass der Saal zu eng ist, zu wenig Personal da ist, die S-Bahn verspätet und die Hochzeit verregnet sein würde. Einen längeren Smalltalk über hält das aber kaum einer aus und überlegt sich, wie der Rechthaber nach allen Regeln der Höflichkeit aufs Kreuz zu legen sei. Leicht ist das nicht, denn altgediente Rechthaber verfügen über ein ausgeprägtes Sicherheitsdenken. Sie verlegen sich nicht auf

Fragen, in denen sie leicht zu widerlegen wären. Nie käme so einer auf die Idee zu sagen: »Ich bin sicher, der da hinten alleine an der Wand steht, ist José Carreras.« Da könnte ja glatt einer hingehen und das Ganze vor Ort klären. Gerne hat er auch Recht in der Zukunft: »Sie werden noch erleben, dass ich Recht habe mit meinen Wahlprognosen.« Auf Sachfragen lässt sich ein Rechthaber nur ein, wenn weit und breit kein Lexikon vorhanden ist. Nur dann versteift er sich drauf, ›1900‹ sei von Visconti. Weil Rechthaber risikoscheu sind, bringt sie der erfahrene Smalltalker zum Aufgeben, indem er mit ihnen wettet: »Gut, also hier vor Zeugen: Wetten wir um eine Flasche Champagner, dass ›1900‹ von Bertolucci ist.« Je höher die Wettprämie, desto größer die Chance, dass die Rechthaber kalte Füße bekommen. Bei einem Kasten Schampus zögert fast jeder und geht zu unverfänglichen Themen über. Aber am liebsten haben sie dort Recht, wo es keine Beweise gibt. »Das weiß doch jeder, dass dahinter die Russenmafia steckt.« In solchen Fällen sollte man die Rechthaber aus der Reserve locken, denn es besitzt großen Unterhaltungswert, wenn jemand um sein Leben redet und die wildesten Theorien bis hin zu Verschwörungstheorien entwickelt, nur um Recht zu behalten. Das sind die unbezahlten Komödien beim Smalltalk. »Wollen Sie damit andeuten, die Russenmafia könnte schuld sein daran, dass es hier in Deutschland BSE gibt?«

Selbstfinder. Sie sind immer gerade angekommen bei dem in ihren Augen wichtigsten Ziel: bei sich selbst. Den Weg dorthin hat ihnen meistens irgendein Heilsbringer gewiesen, sei es ein Coacher, ein Managementtrainer, ein Rebirther oder ein anderer Guru. Und rückblickend erkennen sie nun, wer sie alles benutzt, missbraucht und ausgebeutet hat und dass es endlich Zeit wurde, an sich selber zu denken. Das macht ihnen allerdings erst so richtig Freude, wenn sie es anderen mitteilen können mit abgeklärtem bis verklärtem Antlitz. Auf jeden Satz, den ein anderer von sich gibt, meinen sie milde: »Ach ja, das hab ich auch mal mit mir machen lassen.« Oder: »Das habe ich mir früher auch eingebildet.« Selbstfinder sind beim Smalltalk glücklich, wenn sie anderen das Gefühl geben, in deren Leben stimme etwas nicht. Ungefragt geben Selbstfinder bekannt, was sie nun alles an schlummernden Fähigkeiten in sich erweckt haben. »Ich habe plötzlich festgestellt, dass ich eigentlich Schriftstellerin bin. Und ich habe jetzt gerade meinen ersten Roman geschrieben.« Kluge holen die Selbstfinder auf den Boden der Tatsachen, den sie vor lauter Finden unter den Füßen verloren haben. »Und wo wird der Roman erscheinen?« Nichts bringt die Selbstfinder schneller ab vom Selbstbericht als solche vulgär pragmatischen Fragen.

Tiefernste. Es gibt Menschen, die meinen, sich ihre Ernsthaftigkeit auch daran anmerken lassen zu müssen, dass sie generell für den Plauderton unzugänglich sind. Alles, womit sie sich beschäftigen, ist ihnen nun mal ein ernstes Anliegen und nicht geeignet für leichte Gespräche. Das muss nicht vorgeblendet sein, das ist in vielen Fällen echt. Ob das nun Künstler sind oder sozial Engagierte: Es macht Arbeit, aber auch Freude, sie zu knacken. Das klappt am besten, indem Sie dem ernsten Menschen klar machen, wie schön es ist, gerade ihn mal bei solch einer eher zufälligen Gelegenheit zu treffen. »Man kommt an Sie ja sonst kaum ran.« Biegen Sie ihm gleichzeitig bei, dass niemand seine Seriosität anzweifelt, wenn er statt großer Erkenntnisse mal kleine Nettigkeiten von sich gibt: »So was hier ist doch die beste Gelegenheit für jemand derart Geforderten wie Sie, sich die verdiente Entspannung zu holen.«

Die hartleibigen Bekenner sind leider oft von dem irrigen Gefühl beseelt, Heiterkeit sei Belanglosigkeit und dem Ernst des Lebens unangemessen.

Und Künstler sind oft überzeugt, wer Kunst ernst nehme, dürfe seine Kraft nicht an solche nichtigen Dinge verschwenden. Wenn Sie selber zu dieser Fraktion gehören: Denken Sie an Mozart. Im Gegensatz zu Beethoven ein Mann, der gern spielte, Champagner trank, flirtete, blödelte und der mit Sicherheit ein guter Smalltalker war. Und dennoch ein unvergleichliches, tiefes Genie.

Unwiderstehliche. Sie erzählen gerne davon, wie sehr sie jemand verehrt, liebt, anhimmelt, mit seiner Leidenschaft verfolgt. Davon, dass sie selber jemanden lieben oder verehren, ist nie die Rede, denn offenbar sind sie voll damit beschäftigt, sich vor den zahllosen Fans zu retten. Auf wen auch immer die Sprache kommt: Jeder entpuppt sich prompt als ein glühender und selbstverständlich nicht erhörter Anbeter. Auch Männer leiden oft an der Vorstellung, jede Frau träume eigentlich von ihnen und die Verbindung mit einem anderen sei eben eine Notlösung. Wenn von einer neuen Liaison oder gar Hochzeit die Rede ist, kommt es sofort: »Die war mal fürchterlich in mich verknallt, aber ich konnte mit ihr nicht viel anfangen.« Kommt das Gespräch auf Prominente, die wohl kaum zum Verehrerkreis gehören, heißt es: »Sharon Stone? Ich kenne eine, hinter der waren alle her, die sah aus wie eine Zwillingsschwester von ihr. Die wollte unbedingt ein Kind von mir.« Gegen diese Spezies hilft es, für unglücklich Liebende zu schwärmen. »Alle großen Geister hatten ja Pech mit der Liebe ihres Lebens. Goethe bei Charlotte von Stein, Mozart bei Aloysia Weber, Kokoschka bei Alma Mahler – vielleicht macht das erst groß.« Oder zu erzählen von einer selbst erlittenen Abfuhr. Manchmal wirkt auch die schlichte Frage Wunder: »Aber warum leben Sie denn dann alleine?«

Vergessliche. Kaum eine Mangelerscheinung hat so viele Vorteile wie das schlechte Gedächtnis. Vergessen zu können, woran man sich lieber nicht erinnern will, erleichtert die Karriere, vor allem die politische. Wer sich nicht alles merkt, wirkt friedlicher und freundlicher. Und lügt angeblich nicht, denn es ist ein Allgemeinplatz, dass Lügner ein gutes Gedächtnis brauchen. »Der Vorteil des schlechten Gedächtnisses ist«, lobte Nietzsche, »dass man dieselben guten Dinge mehrere Male zum ersten Mal genießt.«

Doch beim Smalltalk kann das schlechte Gedächtnis zum Problem werden. Zum Beispiel, wenn jemand, der damit gesegnet ist, es genießt, dass ihm eine höchst amüsante Anekdote, ein Aperçu, ein treffender Wortwitz oder eine delikate Anspielung einfällt. Und die anderen sich daran erinnern, dass ihm das nun schon zum vierten Mal einfällt.

Die am meisten verbreitete Erscheinungsform der Vergesslichkeit ist das schlechte Namensgedächtnis. Kluge Ärzte reden sich damit heraus, es handle sich bei ihnen um eine verinnerlichte Schweigepflicht, die sie eben im Privatleben nicht wie den Kittel ablegen könnten. Aber das überzeugt nicht immer.

Vor allem dann nicht, wenn das letzte Treffen mehr als herzlich endete.

Da steht Ihnen eine Frau gegenüber, von der Sie ziemlich viel wissen. Dass sie eine begeisterte Flamencotänzerin ist, aus Rosenheim stammt, sich mit Trennkost ernährt, Weißburgunder liebt und Schubert. Und dass Sie sich beim letzten Treffen bei einer Vernissage mit Küsschen rechts und links verabschiedet haben. Nur: Wie heißt sie? Die Geradeaus-Methode, einzugestehen: »Ich habe einfach kein so gutes Gedächtnis mehr wie früher«, ist redlich, aber dilettantisch. Eleganter wirkt es, so zu tun, als erinnere man sich, und dann, so als wäre man an näherer Kontaktaufnahme interessiert, zu sagen: »Könnten Sie mir vielleicht Ihr Kärtchen geben?« Haben Sie einen Partner dabei, der sie nicht kennt, bitten Sie den, sich vorzustellen. Und schon haben Sie den Namen.

Viele schlaue Menschen mit schlechtem Gedächtnis nutzen ihren Partner als Stichwortgeber. Gleichgültig von welchem Urlaub, welchem Fest, welcher Begegnung sie erzählen: »Wie hieß das Lokal noch mal, Schatz?«

Oder »Wie hieß dieser Wein, den wir in … – na du weißt schon – getrunken haben?« Ist der soufflierende Partner gerade in ein anderes Gespräch vertieft, wird er eben herausgerissen. Genau das verhindert der gute Smalltalker mit: »Ist nicht so wichtig, erzählen Sie weiter.« Weniger erfahrene hingegen wollen dann zum Nothelfer werden. Das Ergebnis: Sie helfen so lange beim Namensuchen, dass die Geschichte, um die es ging, darüber völlig in Vergessenheit gerät. »Wo waren wir stehen geblieben?«, fragt dann der Vergessliche. Das zumindest weiß der gute Smalltalker dann. Er hat es ja kommen sehen.

Weitgereiste. Sie haben alles gesehen und das sollen die anderen auch merken. Ganz egal, wovon einer redet, sie kennen sich dort besser aus. Schwärmt einer von seinem Lieblingslokal in Siena, heißt es: »Gut, das ist ja ganz nett. Aber Sie werden dort nie mehr hingehen, wenn sie mal in ›Le Loggie‹ waren.« Da haben Sie in Ligurien ein besonders gutes Olivenöl entdeckt und begeistern sich dafür. »Ja, das galt mal als das Beste, aber Sie sollten erst mal die apulischen Öle probieren. Das ist natürlich etwas für Kenner.« Sie schwärmen von einem zauberhaften Hotel in Tribeca, in dem Sie bei Ihrem letzten New-York-Besuch gewohnt haben. »Tribeca ist natürlich nicht mehr, was es mal war. Meat-District, das ist jetzt angesagt.« Besonders viel Spaß macht es den Weitgereisten, anderen im Nachhinein klar zu machen, dass sie im letzten Urlaub so ziemlich alles falsch gemacht haben. Zu teure Flüge, das falsche Hotel, der falsche Strand. Wenn Sie sich von den Weitgereisten nicht alles madig machen lassen wollen, müssen Sie in die Offensive gehen und die Allwissenden als Reisebüro benutzen. Garniert mit einem Kompliment fressen die das sofort. »Wir wollen nächstes Jahr nach Madeira fliegen. Was ist denn die beste Jahreszeit? Und haben Sie dort irgendeinen Tipp, was das Hotel angeht?« Sollte der Weitgereiste Madeira kennen, ist Ihnen geholfen. Sollte er es nicht kennen, ist erst mal Ruhe – und Zeit für neue Themen.

Xenophobe. Vor allem, was ihnen fremd ist, haben sie Angst. Und das bezieht sich nicht nur auf Menschen, sondern auch auf Dinge, Themen, Interessen. »Was? Ihr habt eine rumänische Putzfrau eingestellt? Habt ihr nicht gelesen, dass dahinter Verbrecherorganisationen stehen, die auf diese Weise Haushalte ausrauben?« Rotwein aus Ungarn ist ihnen ebenso suspekt wie Topinambur, wenn sie die noch nie gegessen haben. Sie selber reisen am liebsten Jahr für Jahr an denselben Urlaubsort und halten alle für selbstmörderisch, die das nicht tun. Xenophobe umzudrehen ist eine Aufgabe, die für den Smalltalk entschieden zu hart und langwierig ist. Aber es lassen sich bei ihnen durchaus freudige Reaktionen auslösen, wenn sie entdecken, dass manches wegen seiner Fremdheit Geschmähte ganz vertraut ist. Dass es sich bei Pinot Grigio schlicht um Grauburgunder handelt, bei Rucola um die gute deutsche Rauke, bei Peter Lindbergh, dem Starfotografen der amerikanischen Topmodels, um einen Deutschen und bei Helmut Newton auch. Solche Aufklärungsaktionen lassen Xenophobe wankend werden, ob das mit der Grenzziehung so einfach ist. Und der Smalltalk gerät zu einem Spiel über Vorder- und Hintergrundwissen.

Yellow-Press-Leser. Als schliefen sie unterm Bett von Prinzessin Caroline: Sie wissen alles über die Intimgeheimnisse der Stars und derer, die gern Stars wären. Weil sie sich als Teil jener Welt fühlen, die Klatschkolumnen füllt, nehmen sie auch teil an deren Schicksal und entschieden Partei für jeden Prominenten, den andere dumm, arrogant oder unbedeutend finden. Von ihrem Smalltalkpartner erwarten sie selbstverständlich eine eindeutige Stellungnahme. Wenn der sich als völliger Ignorant in diesen Fragen entpuppt und nicht einmal weiß, wer Jenny Elvers ist und dass Stephanie schon zwei Kinder von unmöglichen Männern hat, dann wird ein Yellow-Press-Leser aktiv. Ausführlich wird der Ahnungslose aufgeklärt, ob er will oder nicht. Der kluge Smalltalker fragt dann einfach: »Wenn Sie schon derart beschlagen sind: Wissen Sie, ob es stimmt, dass Fellini ein Verhältnis mit einer Achtzehnjährigen haben soll?« Yellow-Press-Leser haben keine Wissenslücken und wenn sie etwas nicht wissen, ziehen sie leise Leine.

Zyniker. Sie haben ein gutes Auge für alles Schlechte am Menschen. Smalltalk ist für sie eine ausgezeichnete Gelegenheit, ihren Glauben zu verbreiten, der darin besteht, nichts und niemandem zu glauben. Und wenn sie die Stimmung einer Runde erfolgreich gesenkt haben, ziehen sie zur nächsten weiter. Nichts fordert sie mehr heraus als Optimisten oder rundum zufriedene Zeitgenossen. Oscar Wilde hat den Zyniker definiert als »Menschen, der von allem den Preis und von nichts den Wert kennt«. Dieser Satz bringt den klugen Smalltalker weiter: Er schwärmt einfach von dem, was ihm etwas wert ist. »Wenn ich Sie so höre, bin ich ganz froh, dass ich weniger durchblicke, weniger hohe Ansprüche stelle oder einfach auch weniger verstehe. Das Leben ist so viel angenehmer.« Mit offensiver Lebenslust machen Sie den Zyniker fertig, denn irgendwann merkt er selber, dass es sich mit Mundwinkeln nach oben leichter lächelt als mit Mundwinkeln nach unten.